CARTE DE BUCETE PESTO DE ZI DE ZI

100 DE REȚETE DELICATOARE PESTO PENTRU FIECARE MASĂ

Mădălina Slăboiu

Toate drepturile rezervate.

Disclaimer

Informațiile conținute în această carte electronică sunt menite să servească drept o colecție cuprinzătoare de strategii despre care autorul acestei cărți electronice a făcut cercetări. Rezumatele, strategiile, sfaturile și trucurile sunt recomandate doar de autor, iar citirea acestei cărți electronice nu va garanta că rezultatele cuiva vor oglindi exact rezultatele autorului. Autorul cărții electronice a depus toate eforturile rezonabile pentru a oferi informații actuale și exacte pentru cititorii cărții electronice. Autorul și asociații săi nu vor fi făcuți la răspundere pentru orice eroare sau omisiuni neintenționate care ar putea fi găsite. Materialul din cartea electronică poate include informații de la terți. Materialele terților cuprind opinii exprimate de proprietarii acestora. Ca atare, autorul cărții electronice nu își asumă responsabilitatea sau răspunderea pentru niciun material sau opinii ale terților.

Cartea electronică este copyright © 2022 cu toate drepturile rezervate. Este ilegal să redistribuiți, să copiați sau să creați lucrări derivate din această carte electronică, integral sau parțial. Nicio parte a acestui raport nu poate fi reprodusă sau retransmisă sub nicio formă, fără permisiunea scrisă exprimată și semnată din partea autorului.

CUPRINS

CUPRINS 2
INTRODUCERE 6
REȚETE DE BAZĂ 8
   1. Pesto echilibrat 9
   2. Sos pesto la sud de frontieră 11
   3. Pesto de rucola și busuioc 13
   4. Pesto simplu 15
   5. Pesto de anghinare cheesy 17
   6. Pesto american 19
   7. Paste Pesto 21
   8. Pesto asiatic de arahide 23
   9. Pesto picant 25
   10. Pesto de ciuperci 26
   11. Pesto cremos de salată verde 28
   12. Pesto cu nuci 30
   13. Pesto la Mic dejun 31
   14. Pesto de broccoli la abur 32
   15. Pesto proaspăt de vară 35
   16. Pesto brazilian 36
   17. Pesto clasic 39
   18. Pesto elvețian 40
   19. Pesto francez 42
   20. Pesto din Vietnam 43
   21. Pesto de caju 45
   22. Pesto parfumat 47
   23. Sos pesto uscat la soare 49
   24. Dijon Pesto Blend 51
   25. Tofu Pesto 52
MIC dejun pesto 53

26. Omletă pesto cu brânză 54
27. Cheesy Pro Quiche 56
Aperitive pesto 58
28. Măsline pesto cremoase 59
29. Roșii umplute pesto 61
30. Aperitive pesto-roșii 63
PIZZA PESTO 64
31. Pizza cu busuioc și măsline 65
32. Pizza pesto de anghinare 67
33. Pizza la grătar din New York 69
34. Pizza Caprese cu pâine plată 72
PASTE PESTO 75
35. Paste cu creveți pesto cu brânză și ciuperci 76
36. Coacerea cu paste și pui pesto cu brânză 78
37. Spirale pesto 80
38. Creveți pesto cu brânză cu paste 82
39. Paste pesto cu nuci 84
40. Lasagna pesto 87
41. Paste cu Pesto Veggies 90
42. Spaghete pesto 92
43. Lasagna Alfredo 94
44. Gnocchi cu usturoi și busuioc 96
45. Gnocchi pesto 99
46. Pesto de parmezan 101
MĂCURI PESTO 104
47. Busuioc Pui 105
48. Pesto de spanac cu brânză 107
49. Provolone Pesto 109
50. Chiftele pesto umplute cu brânză 111
51. Paste cu Pesto Pui și Spanac 114
52. Vinete la fiert 116
53. Mixed Medley Pesto 118

54. Dovlecel cu pesto și brânză 120
55. Macaroane în sos cremos de vită 121
56. Friptura pesto 122
57. Pesto Pink Pilaf 124
58. Peste pesto 126
59. Risotto pesto cu parmezan 128
60. Tennessee Tilapia 130
61. Midii Puttanesca Busuioc 132
62. Pennsylvania Cotlet de Pui 134
63. Peste pesto de lamaie 137
64. California Chimichurri Rib-Eye 139
65. Nuci pecan, parmezan și cușcuș pesto 141
66. Pesto de pui cambodgian 143
67. Pesto de somn 144

PANINI, SANDWICHES & WRAP-uri 146

68. Sandviș deschis cu pesto cu brânză 147
69. Gyros Caprese 149
70. Florida Chicken Panini 152
71. Mozzarella Provolone Panini 154
72. Panini de Vită Busuioc 156
73. Panini de grâu integral 158
74. Sandwich de vară 160
75. Aluat, provolone, pesto 161
76. Pita, Pesto și Parmezan 163
77. Wrap-uri pesto de curcan de gradina 165
78. Wraps cu salata verde pesto tilapia 166
79. Garden Tuna Quesadillas 169
80. Alaskan Topped Focaccia 171
81. Cartierul francez Muffulettas 174
82. Sandwich cu pui pesto 176
83. Sandwich cu pui Seattle 180
84. Panini mediteranean 182
85. Portland Asiago Panini 184

86.Presă de brânză la grătar pesto 186
87.Grădina Panini 187
SALATE ȘI DRESSING PESTO **190**
88.Salata Mozzarella Pesto 191
89.Salata de flori pesto 194
90.Sos pesto Aioli 196
91.Salata de paste 199
92.Tortellini Borcane Salata 201
93.Salata Caprese Pesto 203
94.Salata caprese de rucola 205
95.Buuioc Salata de Paste 207
96.Nuci pecan, parmezan și cușcuș pesto 209
DESERTURI PESTO **211**
97.Plăcintă deschisă cu spanac și pesto 212
98.Plăcintă în oală în stil libanez 214
99.West coast torte 216
100.Lemon Pesto Paletas 219
CONCLUZIE **220**

INTRODUCERE

Ce este pesto?

Pesto este un sos simplu care poate transforma feluri de mâncare de tot felul cu aromele sale strălucitoare din plante. Cuvântul pesto provine de la cuvântul italian „pestare" care înseamnă a zdrobi sau zdrobi. Cu toții am mâncat pesto tradițional de busuioc, dar o rețetă de bază pesto poate fi transformată cu toate soiurile diferite de ierburi, nuci și uleiuri de măsline. Citiți mai departe și vă vom arăta cum să faceți pesto atât în mod tradițional, cum ar fi această rețetă clasică de pesto cu busuioc, cât și pesto cu o răsucire.

Cum se folosește pesto?

A. Se amestecă cu paste, în special orice pastă cu textură, aceasta va ajuta pastele să prindă sosul alunecos. B. Adăugați legumele proaspete.

C. Adăugați în ouă înainte de a le amesteca.

D. Utilizați ca condiment pe sandvișuri și wrapuri, amestecați puțin în maia sau singur.

E. Înmuiați bucăți de baghetă crocante în pesto, modul meu preferat de a mă bucura de acest sos.

F. Faceți o baie amestecând în smântână, iaurt sau brânză de vaci.

G. Folosiți-l ca sos pentru pizza făcută manual.

H. Adăugați în zară pentru a face un dressing pentru salată.

I. Unge pe bruscheta.

J. Ornează supa.

REȚETE DE BAZĂ

1. Pesto echilibrat

randament: 1 PINT

Ingrediente

- 1 parte nuci
- 8 părți ierburi și verdeață
- 2 părți brânză
- 2 părți ulei
- 1-3 catei de usturoi, curatati de coaja
- Sarat la gust

Directii

a) Alegeți ingredientele și puneți-le într-un robot de bucătărie.

b) Pulsați până se formează o pastă groasă, adăugați mai mult ulei dacă este necesar pentru a obține consistența pe care o preferați.

2. Sos pesto la sud de frontieră

Porții pe rețetă: 6

Ingrediente

- 1/4 cană semințe de dovleac decorticate (pepitas
- 1 buchet coriandru
- 1/4 cană brânză cotija rasă
- 4 catei de usturoi
- 1 ardei iute serrano, fără semințe
- 1/2 lingurita sare
- 6 linguri ulei de măsline

Directii

a) Adăugați semințele de dovleac în bolul unui robot de bucătărie și tocați totul cu câteva leguminoase, apoi amestecați în ulei de măsline, coriandru, sare, brânză, ardei iute și usturoi.

b) Puneți amestecul, apoi serviți pesto-ul.

c) Bucurați-vă.

3.Pesto de rucola și busuioc

Porții pe rețetă: 12

Ingrediente

- 1 1/2 cană frunze de rucola pentru copii
- 1 1/2 cană frunze de busuioc proaspăt
- 2/3 cană nuci de pin
- 8 catei de usturoi
- 1 conserve (6 oz.) de măsline negre, scurse
- 3/4 cană ulei de măsline extravirgin 1/2 lămâie, suc
- 1 lingurita otet de vin rosu
- 1/8 lingurita de chimen macinat
- 1 praf de piper cayenne macinat sare si piper dupa gust

Directii

a) Într-un robot de bucătărie mare, de mare viteză, adăugați rucola, busuiocul, măslinele, usturoiul și nucile de pin și amestecați până se combină bine.

b) Adăugați ingredientele rămase și pulsați până se omogenizează bine și se omogenizează.

4. Pesto simplu

Porții pe rețetă: 6

Ingrediente

- 1/4 cană migdale
- 3 catei de usturoi
- 1 1/2 cană frunze de busuioc proaspăt 1/2 cană ulei de măsline
- 1 praf de nucsoara macinata
- sare si piper dupa gust

Directii

a) Setați cuptorul la 450 de grade F înainte de a face orice altceva.

b) Aranjați migdalele pe o foaie de prăjituri și coaceți aproximativ 10 minute sau până se prăjesc ușor.

c) Într-un robot de bucătărie, adăugați migdalele prăjite și ingredientele rămase până se formează o pastă aspră.

5.Pesto de anghinare cheesy

Porții pe rețetă: 12

Ingrediente

- 2 cani frunze proaspete de busuioc
- 2 linguri de brânză feta măruntită
- 1/4 cană brânză parmezan proaspăt rasă 1/4 cană nuci de pin, prăjite
- 1 inima de anghinare, tocata grosier
- 2 linguri de roșii uscate la soare, tocate în ulei
- 1/2 cană ulei de măsline extravirgin
- 1 praf sare si piper negru dupa gust

Directii

a) Într-un robot de bucătărie mare, adăugați toate ingredientele, cu excepția uleiului și condimentele și pulsați până se combină.

b) În timp ce motorul funcționează încet, adăugați ulei și pulsați până se omogenizează.

c) Se condimentează cu sare și piper negru și se servește.

6. Pesto american

Porții pe rețetă: 6

Ingrediente

- 4 cani de frunze proaspete de busuioc ambalate
- 1/4 cana patrunjel italian
- 2 catei de usturoi, curatati de coaja si usor zdrobiti
- 1 cană nuci de pin

- 1 1/2 cană brânză Parmigiano-Reggiano măruntită
- 1 lingurita suc proaspat de lamaie
- 1/2 cană ulei de măsline extravirgin sau mai mult, după cum este necesar
- sare si piper negru macinat dupa gust

Directii

a) Intr-un robot de bucatarie, adauga patrunjelul, busuiocul si usturoiul si pulseaza pana se toaca marunt.

b) Adăugați și nucile de pin și pulsați până când sunt foarte fin.

c) Adăugați brânza și pulsul până se omogenizează.

d) În timp ce motorul funcționează, amestecați încet cu sucul de lămâie.

e) Apoi adăugați uleiul și pulsul până se omogenizează bine și se omogenizează.

f) Se condimentează cu sare și piper negru și se servește.

7. Paste Pesto

Porții pe rețetă: 16

Ingrediente

- 4 cani de spanac proaspat pentru copii
- 1/2 cană nuci pecan
- 2 catei de usturoi
- 1 cană parmezan
- 1 lingurita suc de lamaie
- 1/2 cană ulei de măsline extravirgin
- 1 praf de sare si piper negru proaspat macinat dupa gust

Directii

a) Într-un robot de bucătărie mare, adăugați toate ingredientele, cu excepția uleiului și a pulpei, până se combină.

b) În timp ce motorul funcționează încet, adăugați uleiul și pulsul până se combină bine și omogenizează.

8. Pesto asiatic de arahide

Porții pe rețetă: 10

Ingrediente

- 1 buchet coriandru
- 1/4 cană unt de arahide
- 3 catei de usturoi, taiati cubulete
- 3 linguri ulei de măsline extravirgin
- 2 linguri de ghimbir proaspăt tăiat cubulețe
- 1 1/2 linguri de sos de peste
- 1 lingurita zahar brun
- 1/2 lingurita piper cayenne

Directii

a) Într-un blender sau robot de bucătărie, adăugați toate ingredientele și presă până se omogenizează.

9.Pesto picant

Porții pe rețetă: 14

Ingrediente

- 1/4 cană nuci
- 2/3 cană ulei de măsline
- 2 catei de usturoi
- sare si piper negru macinat dupa gust

- 2 cani de frunze proaspete de busuioc impachetate
- 3/4 cană brânză Parmigiano-Reggiano mărunțită
- 1 ardei jalapeno, tulpina îndepărtată

Directii

a) Într-un robot de bucătărie, adăugați usturoiul și nucile și amestecați până se toacă mărunt.

b) Adăugați jalapeno, busuiocul și brânza și pulsați până se combină bine.

c) În timp ce motorul funcționează încet, adăugați uleiul și pulsul până se combină bine și omogenizează.

d) Se condimentează cu sare și piper negru și se servește.

10.Pesto de ciuperci

Porții pe rețetă: 6

Ingrediente

- 2 linguri de unt
- 1 lb. amestec de ciuperci proaspete (cum ar fi cremini, buton, stridii și Portobello), tăiate în sferturi
- 1 șalotă, tocată
- 1 cană nuci de pin prăjite
- 1/4 cană ulei de măsline extravirgin
- 1/4 cană bulion de legume
- 3 catei de usturoi, tocati
- 1 lingura suc de lamaie proaspat stors
- 1 lingurita sare kosher
- 1/2 lingurita piper negru proaspat macinat
- 1/2 cană parmezan, ras

Directii

a) Într-o tigaie, topim untul la foc mediu.

b) Se amestecă eșalota și ciupercile și se fierbe timp de aproximativ 5-7 minute sau până când ciupercile devin maro auriu.

c) Se ia de pe foc si se lasa deoparte la racit aproximativ 10 minute.

d) Într-un blender, adăugați amestecul de ciuperci fierte și ingredientele rămase, cu excepția brânzei și a pulpei, până se măcina fin.

e) Transferați amestecul într-un bol și amestecați brânza înainte de servire.

11. Pesto cremos de salată verde

Porții pe rețetă: 8

Ingrediente

- 1/2 catel de usturoi
- 2 linguri de maioneza
- 1/3 cană nuci
- 3 oz. creson clătit și uscat

- 1 cană parmezan proaspăt ras

Directii

a) Într-un robot de bucătărie, adăugați toate ingredientele și presă până se formează o pastă netedă.

12. Pesto cu nuci

Porții pe rețetă: 2

Ingrediente

- 2 cani frunze de busuioc
- 1/2 cană nuci
- 1/4 cană ulei de măsline
- 2 catei de usturoi
- 1 lingura suc de lamaie

Directii

a) Într-un robot de bucătărie, adăugați toate ingredientele și presă până se formează o pastă netedă.

13. Pesto la Mic dejun

Porții pe rețetă: 4

Ingrediente

- 3/4 cană amestec pentru copt
- 1/3 cană apă sau după cum este necesar
- 1 pachet (8 oz.) de brânză Cheddar, mărunțit
- 5 lingurite pesto preparat

Directii

a) Ungeți grătarul apoi încălziți-l complet.

b) Într-un castron mare, adăugați toate ingredientele și amestecați până se omogenizează bine.

c) Puneți aproximativ 1/4 de cană din amestec pe grătarul încălzit și gătiți totul timp de aproximativ 2-3 minute pe fiecare parte sau până când devine maro auriu.

d) Repetați cu amestecul rămas.

14. Pesto de broccoli la abur

Porții pe rețetă: 8

Ingrediente

- 2 cesti buchetele de broccoli tocate
- 2 cani de busuioc proaspat tocat
- 1/4 cană ulei de măsline extravirgin
- 1/4 cană parmezan ras
- 1/4 cană nuci de pin
- 6 catei de usturoi, curatati de coaja
- 2 linguri bulion de legume, sau mai mult dacă este necesar
- 1 praf de piper cayenne
- sare si piper negru macinat dupa gust

Directii

a) Aranjați un coș pentru aburi peste o tigaie cu apă și aduceți la fierbere la foc mediu.

b) Puneți broccoli într-un coș de aburi și gătiți, acoperit timp de aproximativ 3-5 minute sau până când se înmoaie.

c) Scurgeți bine broccoli și transferați totul într-un robot de bucătărie cu ingredientele rămase și amestecați până la omogenizare.

15. Pesto proaspăt de vară

Porții pe rețetă: 16

Ingrediente

- 2 cani de verdeata de papadie
- 1/2 cană ulei de măsline
- 1/2 cana parmezan ras 2 lingurite usturoi zdrobit
- sare dupa gust (optional)
- 1 praf de fulgi de ardei rosu, sau dupa gust (optional)

Directii

a) Într-un robot de bucătărie, adăugați toate ingredientele și presă până la omogenizare.

16. Pesto brazilian

Porții pe rețetă: 12

Ingrediente

- 3 căni de busuioc proaspăt tocat
- 1 cană ulei de măsline extravirgin
- 1/2 cană nuci de pin
- 1/8 cană nuci braziliene
- 2/3 cană parmezan ras
- 2 linguri de usturoi tăiat cubulețe
- 1/2 lingurita praf de chili

Directii

a) Într-un robot de bucătărie, adăugați toate ingredientele, cu excepția uleiului și pulsul până se formează o pastă groasă.

b) În timp ce motorul funcționează încet, adăugați ulei și pulsați până se omogenizează.

17. Pesto clasic

Porții pe rețetă: 16

Ingrediente

- 1/3 cană nuci de pin
- 2/3 cană ulei de măsline
- 5 catei de usturoi
- 1/3 cană drojdie nutritivă
- 1 buchet de frunze proaspete de busuioc

- sare si piper dupa gust

Directii

a) Într-o tigaie antiaderentă încălzită, adăugați nucile de pin la foc mediu și gătiți, amestecând continuu până se prăjesc.

b) Într-un robot de bucătărie, adăugați nucile de pin prăjite și ingredientele rămase și amestecați până la omogenizare.

18. Pesto elvețian

Porții pe rețetă: 10

Ingrediente

- 1/2 cană ulei de măsline, împărțit
- 10 frunze de smog, tocate
- 4 catei de usturoi, tocati
- 1 cană frunze de busuioc
- 1 cană nuci pecan
- 1/2 lingurita sare de mare
- 1 lingura suc de lamaie
- 1 (3 oz.) pachet de parmezan ras
- sare si piper negru macinat dupa gust

Directii

a) Într-o tigaie, încălziți 2 linguri de ulei la foc mediu și gătiți usturoiul și mătgul pentru aproximativ 3-5 minute, luați de pe foc și lăsați deoparte să se răcească.

b) Într-un robot de bucătărie, adăugați uleiul rămas, busuiocul, brânza, nucile pecan și sarea de mare și amestecați până se combină bine.

c) Adăugați sucul de lămâie și amestecul de smog gătite și pulsați până se formează un piure omogen.

d) Se condimentează cu sare și piper negru și se servește.

19. Pesto francez

Porții pe rețetă: 12

Ingrediente

- 1 pachet de brânză de capră, înmuiată
- 1 borcan pesto (8 oz) sau după cum este necesar
- 3 rosii, tocate
- 1 pâine franceză (8 oz.), feliată

Directii

a) Într-o farfurie mare de servire, feliați brânza într-un strat de 1/4 inch.

b) Peste brânză se așează uniform pesto într-un strat subțire, urmat de roșii.

c) Bucurați-vă de această baie cu pâinea franțuzească feliată.

20. Pesto din Vietnam

Porții pe rețetă: 4

Ingrediente

- 1 lb. tăiței de orez uscat
- 1 1/2 cană coriandru proaspăt tocat
- 1/2 cană busuioc dulce thailandez
- 2 catei de usturoi, taiati in jumatate
- 1/2 lingurita de bulb de iarba de lamaie taiat cubulete
- 1 ardei jalapeno, fără semințe și tăiat cubulețe
- 1 lingurita sos de peste vegetarian
- 4 linguri de arahide prajite uscate tocate, nesarate
- 7 linguri ulei de canola
- 1/2 lime, tăiată felii
- sare si piper dupa gust

Directii

a) Într-un castron mare cu apă rece, înmuiați tăițeii pentru aproximativ 30 de minute și scurgeți și țineți deoparte.

b) Intr-un robot de bucatarie, adauga busuiocul, coriandru, usturoiul, jalapeno, iarba de lamaie, sosul de peste si 2 linguri de arahide si pulsul pana se toaca grosier.

c) În timp ce motorul funcționează încet, adăugați ulei și pulsați până se omogenizează.

d) Adăugați alunele rămase și pulsați până când alunele sunt tocate grosier.

e) Într-o tigaie mare, adăugați 1/2 cană de apă și tăiței la foc mediu-înalt și gătiți aproximativ 5 minute sau până când cea mai mare parte a lichidului se evaporă.

f) Adăugați pesto și amestecați pentru a se combina bine și serviți imediat.

21. Pesto de caju

Porții pe rețetă: 16

Ingrediente

- 2 cani frunze proaspete de coriandru
- 1 lingurita piper negru
- 1 cană frunze de pătrunjel proaspăt
- 1 lingurita piper cayenne
- 3 linguri suc de lamaie
- 1/2 cană brânză Asiago rasă
- 1 cană de caju chili-lime
- 1/2 cană ulei de măsline
- 1 lingurita sare

Directii

a) Într-un robot de bucătărie, adăugați toate ingredientele și presă până se omogenizează.

22.Pesto parfumat

Porții pe rețetă: 12

Ingrediente

- 1 lb. de usturoi, tăiate în bucăți de 2 inci
- 1 1/4 cană parmezan ras
- 1 cană ulei de măsline
- 1 lingurita suc de lamaie
- piper negru măcinat după gust

Directii

a) Într-un robot de bucătărie, adăugați toate ingredientele și presă până se omogenizează.

23. Sos pesto uscat la soare

Porții pe rețetă: 8

Ingrediente

- 1 cană roșii uscate la soare ambalate
- 1/4 cană suc de lămâie
- 1 cană migdale
- sare
- 1 ardei iute, tocat

- 1 cană roșii tocate

Directii

a) Înainte de a face ceva, preîncălziți cuptorul la 350 F.

b) Luați un bol de amestecare: puneți în el roșia uscată. Acoperiți-l cu apă clocotită și lăsați-l să stea 16 minute să se înmoaie.

c) Întindeți migdalele pe o foaie de copt într-un strat uniform. Se da la cuptor si se lasa sa fiarba 9 minute.

d) Opriți focul și lăsați migdalele să se răcească puțin.

e) Tăiați grosier migdalele și puneți-le deoparte.

f) Scurgeți roșiile uscate.

g) Luați un blender: combinați în el roșiile uscate cu migdale și ingredientele rămase. Amesteca-le netede.

h) Turnați pansamentul într-un borcan și sigilați-l. Pune-l la frigider până este gata de servire.

i) Le poți servi dressing cu un sandviș, carne la grătar sau o salată.

24. Dijon Pesto Blend

Porții pe rețetă: 4

Ingrediente

- 2 linguri. sos pesto preparat
- 2 linguri. mustar de Dijon neted
- 2 linguri. maioneză

Directii

a) Intr-un bol, adauga toate ingredientele si bate pana se omogenizeaza bine.

b) Savurează dressingul peste salata ta preferată.

25. Tofu Pesto

Porții pe rețetă: 8

Ingrediente

- 1/2 cană migdale întregi prăjite
- 1 1/2 cană frunze de coriandru împachetate lejer
- 1 cățel mare de usturoi, tocat
- 1/2 cană tofu ferm mărunțit
- 3 linguri suc de lamaie
- 2 linguri ulei de masline
- 1/2 lingurita sare
- 1 ardei iute verde mic, tocat, fără sămânță

Directii

a) Luați un blender: puneți în el migdalele. Pulsați-le de câteva ori până devin tocate.

b) Amestecați restul de ingrediente. Amesteca-le netede.

c) Pune pesto într-un borcan ermetic. Serviți-l imediat sau puneți-l la frigider pentru 2-3 zile.

MIC dejun pesto

26. Omletă pesto cu brânză

Porții pe rețetă: 1

Ingrediente

- 1 lingurita ulei de masline
- 1 capac de ciupercă Portobello, feliat
- 1/4 cana ceapa rosie tocata
- 4 albusuri
- 1 lingurita apa
- sare si piper negru macinat dupa gust
- 1/4 cană brânză mozzarella mărunțită cu conținut scăzut de grăsimi
- 1 lingurita pesto preparat

Directii

a) Într-o tigaie, încălziți uleiul la foc mediu și fierbeți ceapa și ciupercile aproximativ 3-5 minute.

b) Intr-un castron mic, adauga apa, albusurile, sare si piper negru si bate bine.

c) Adăugați amestecul de albușuri în tigaie și gătiți, amestecând des, timp de aproximativ 5 minute sau până când albușurile încep să se întărească.

d) Peste omletă se pune brânza, urmată de pesto și se îndoiește cu grijă omleta și se fierbe aproximativ 2-3 minute sau până când brânza se topește.

27.Cheesy Pro Quiche

Porții pe rețetă: 8

Ingrediente

- 4 linguri pesto
- 1 (9 inchi) crustă de plăcintă necoaptă
- 4 linguri de brânză de capră mărunțită
- 3 oua
- 1/2 cană smântână jumătate și jumătate
- 1 linguriță de făină universală
- 8 roșii uscate la soare umplute cu ulei, scurse și tăiate fâșii
- sare si piper negru proaspat macinat dupa gust

Directii

a) Setați cuptorul la 400 de grade F înainte de a face orice altceva.

b) Pe fundul unui vas de plăcintă, așezați pesto-ul uniform și stropiți cu brânză de capră.

c) Intr-un castron mare, adauga jumatate si jumatate, ouale, faina, sare si piper negru si bate pana se omogenizeaza bine.

d) Peste branza de capra se pune uniform amestecul de oua, urmat de rosiile uscate la soare.

e) Gatiti totul la cuptor pentru aproximativ 30 de minute.

Aperitive pesto

28. Măsline pesto cremoase

Porții pe rețetă: 1

Ingrediente

- 1 conserve (6 oz.) de ton albacore în apă, scurs și fulgi
- 2 linguri de maioneza
- 1 lingura sos pesto de busuioc
- 1 lingurita suc de lamaie

- 1 praf piper negru macinat
- 1 (10 inchi) tortilla de făină
- 4 frunze de salata verde
- 1 felie de brânză provolone
- 5 măsline Kalamata fără sâmburi, tăiate în jumătate

Directii

a) Într-un castron, adăugați tonul, pesto-ul, maioneza, piperul negru și sucul de lămâie și amestecați ușor pentru a se combina.

b) Într-o farfurie sigură pentru cuptorul cu microunde, puneți folia de tortilla și puneți la cuptorul cu microunde la putere maximă pentru aproximativ 5-10 secunde sau până când tocmai se încălzește.

c) Puneți amestecul de ton pe tortilla, urmat de măsline, brânză și salată verde.

d) Îndoiți tortilla de jos în sus aproximativ 2 inci pentru a sigila umplutura și rulați pentru a forma o înfășurare și serviți.

29. Roșii umplute pesto

Porții pe rețetă: 4

Ingrediente

- 10 roșii mici coapte
- 1/2 cană pesto de casă sau cumpărat
- 1 cană parmezan ras

Directii

a) Setați cuptorul la 350 de grade F înainte de a face orice altceva și ungeți o tavă de copt cu ulei.

b) Tăiați roșiile în jumătate, pe lungime și aruncați aproximativ 1 lingură de carne din centru.

c) Umpleți jumătățile de roșii cu pesto și acoperiți uniform cu brânză.

d) Aranjați roșiile într-un singur strat în tava de copt pregătită, cu umplutura în sus.

e) Gătiți totul în cuptor până când partea de sus devine maro aurie și clocotită.

30. Aperitive pesto-roșii

Porții: 20

Ingrediente

- ¾ cană roșii tăiate cubulețe, fără semințe
- 2 linguri pesto de busuioc la frigider
- ¼ cană de brânză mozzarella tocată mărunt
- 1 cutie (10,2 oz.) Biscuiți Pillsbury Buttermilk refrigerați
- 2 linguri de parmezan tocat fin

Directii

a) Încinge cuptorul la 375°F. Pulverizați 20 de mini cupe de brioșe cu spray de gătit. Într-un castron mediu, amestecați roșiile, pesto și brânza mozzarella.

b) Separați aluatul în 5 biscuiți; tăiați fiecare în sferturi. Rulați fiecare bucată de biscuiți într-o bilă netedă; apăsați unul în partea inferioară și în sus a fiecărei cești pentru mini brioșe. Puneti aproximativ 1 lingura de umplutura de rosii-pesto in fiecare cana; apăsați ușor. Se presara cu parmezan.

c) Coaceți 10 până la 12 minute sau până când marginile biscuiților devin maro auriu. Scoateți imediat din tigaie.

PIZZA PESTO

31. Pizza cu busuioc şi măsline

Porții pe rețetă: 6

Ingrediente

- 1 (12 inchi) crustă de pizza precoaptă 1/2 cană pesto
- 1 roșie coaptă, tocată
- 1/2 cană ardei gras verde, tocat
- 1 cutie de măsline negre tocate, scurse 1/2 ceapă roșie mică, tocată
- 1 cutie (4 oz.) inimioare de anghinare, scurse și tăiate felii
- 1 cană brânză feta mărunțită

Directii

a) Setați cuptorul la 450 de grade înainte de a face orice altceva.

b) Acoperiți-vă crusta de pizza cu sosul pesto, apoi puneți pe crustă următoarele straturi: feta, roșii, anghinare, ardei gras, ceapă roșie și măsline.

c) Gatiti pizza la cuptor timp de 12 minute.

32.Pizza pesto de anghinare

Porții pe rețetă: 4

Ingrediente

- 1 crusta de pizza pregatita
- 1/4 cană sos pesto
- 6 oz. piept de pui la gratar, feliat
- 1 (6 oz.) borcane inimioare de anghinare marinate în sferturi, scurse
- 1/3 cana rosii uscate la soare impachetate in ulei, scurse si tocate
- 2 oz. usturoi și brânză de capră
- 1 1/2 cană brânză de pizza mărunțită, amestecați ulei de măsline cu aromă de usturoi prăjit, pentru peria crustei

Directii

a) Setați cuptorul la 400 de grade F înainte de a face orice altceva

b) Ungeți crusta cu ulei de usturoi uniform și acoperiți cu pesto, urmat de pui, anghinare, roșii, brânză de capră și brânză.

c) Gatiti la cuptor aproximativ 10 minute.

d) Scoateți din cuptor și savurați fierbinți.

33. Pizza la grătar din New York

Porții pe rețetă: 6

Ingrediente

Aluat

- 1 aluat de pizza preparat Topping-uri 1
- 1 lingurita ulei de masline
- 1/2 cană sos pizza
- 1 ardei gras rosu mic, sotat pana se inmoaie
- 1 ardei gras galben mic, sotat pana se inmoaie
- 1/2 ceapă, feliată și călită
- 3 carnati de carne de vita, feliati si fierti
- 1 cană de brânză mozzarella, mărunțită
- 1 linguriță de condimente italiene uscate cu ierburi
- 1/2 lingurita praf de usturoi ulei de masline

Topping

- 1/4 cană sos pesto

Directii

a) Înainte de a face ceva, preîncălziți grătarul și ungeți-l.

b) Tăiați aluatul în 4 bucăți. Aplatizați-le pe o placă cu făină în cercuri de 1/4 inch.

c) Ungeți o parte a cercului de aluat cu ulei de măsline. Prăjiți-le timp de 1 până la 2 minute.

d) Întoarceți-le apoi ungeți cealaltă parte cu ulei de măsline.

e) Acoperiți-le cu sos, ardei, ceapă, cârnați, brânză, un strop de ierburi și sos pesto.

f) Puneți capacul și lăsați pizza să fiarbă 2-3 minute. Serviți-le calde.

34. Pizza Caprese cu pâine plată

Porții pe rețetă: 4

Ingrediente

- 1 foaie de foietaj
- 1 roșie, feliată
- făină
- 1/2 lb. brânză mozzarella, feliată
- spălarea ouălor
- 1/2 cană sos pesto

Directii

a) Setați cuptorul la 425 de grade F înainte de a face orice altceva și tapetați o foaie de copt cu hârtie de copt.

b) Puneți aluatul de foietaj pe o suprafață ușor înfăinată și rulați într-un dreptunghi de mai puțin de 1/4 inch grosime.

c) Aranjați aluatul rulat pe foaia de copt pregătită și acoperiți cu spălarea de ouă.

d) Gatiti la cuptor aproximativ 10 minute.

e) Scoatem din cuptor si intindem uniform pesto-ul peste aluatul copt, urmat de feliile de rosii si mozzarella.

f) Gatiti la cuptor aproximativ 5 minute.

g) Bucurați-vă de fierbinte.

PASTE PESTO

35.Paste cu creveți pesto cu brânză și ciuperci

Porții pe rețetă: 8

Ingrediente

- 1 pachet (16 oz.) paste linguine
- 1 cană pesto de busuioc preparat
- 2 linguri ulei de masline
- 1 lb. creveți fierți, curățați și devenați
- 1 ceapa mica, tocata
- 20 de ciuperci, tocate
- 8 catei de usturoi, taiati felii
- 3 roșii roma (prune), tăiate cubulețe
- 1/2 cană unt
- 2 linguri de făină universală
- 2 cani de lapte
- 1 praf sare
- 1 praf de piper
- 1 1/2 cană brânză Romano rasă Indicații

a) Într-o cratiță mare cu apă clocotită ușor sărată, adăugați pastele și gătiți timp de aproximativ 8-10 minute sau până la fierbere dorită, scurgeți bine și lăsați deoparte.

b) Într-o tigaie mare, încălziți uleiul la foc mediu și căliți ceapa aproximativ 4-5 minute.

c) Se adauga untul si usturoiul si se calesc timp de aproximativ 1 minut.

d) Între timp, într-un castron, amestecați laptele și făina și turnați într-o tigaie, amestecând continuu.

e) Amestecați sarea și piperul negru și gătiți, amestecând aproximativ 4 minute.

f) Adăugați brânza, amestecând continuu până se topește complet.

g) Adăugați pesto și creveții, roșiile și ciupercile și gătiți aproximativ 4 minute sau până când se încălzesc complet.

h) Adăugați pastele și amestecați pentru a se acoperi și serviți imediat.

36. Coacerea cu paste și pui pesto cu brânză

Porții pe rețetă: 12

Ingrediente

- 1/2 cană pesmet asezonat
- 1/2 cană parmezan ras
- 1 lingurita ulei de masline
- 1 cutie de paste penne (16 oz).
- 6 cani cuburi de pui fiert

- 4 cani de amestec de brânză italiană mărunțită
- 3 cani de spanac proaspăt pentru copii
- 1 cutie (15 oz) de roșii zdrobite
- 1 borcan (15 oz) de sos Alfredo
- 1 borcan (15 oz.) sos pesto
- 1 1/2 cană lapte

Directii

a) Setați cuptorul la 350 de grade F înainte de a face orice altceva și ungeți un vas de copt de 13 x 9 inci cu spray de gătit.

b) Într-un castron mic, adăugați parmezanul, pesmetul și uleiul și amestecați până se omogenizează bine și lăsați deoparte.

c) Într-o cratiță mare cu apă clocotită ușor sărată, adăugați pastele și gătiți timp de aproximativ 10-11 minute sau până la fierbere dorită, scurgeți bine și lăsați deoparte.

d) În același timp, într-un castron mare, adăugați ingredientele rămase și amestecați apoi amestecați pastele.

e) Așezați uniform amestecul de pui pe vasul de copt pregătit și întindeți uniform amestecul de parmezan deasupra.

f) Gătiți vasul la cuptor timp de 40-45 de minute sau până când partea de sus devine maro aurie și clocotită.

37. Spirale pesto

Porții pe rețetă: 2

Ingrediente

- 1 lingurita ulei de masline

- 4 dovlecei mici, tăiați în fire în formă de tăiței
- 1/2 cană de fasole garbanzo (năut) scursă și clătită
- 3 linguri pesto, sau dupa gust
- sare si piper negru macinat dupa gust
- 2 linguri de brânză Cheddar albă mărunțită, sau după gust

Directii

a) Într-o tigaie, încălziți uleiul la foc mediu.

b) Se amestecă dovlecelul și se fierbe timp de aproximativ 5-10 minute sau până când tot lichidul este absorbit.

c) Se amestecă pesto și năutul și se reduce imediat focul la mediu-mic și se fierbe timp de aproximativ 5 minute sau până când năutul și tăițeii cu dovlecel sunt acoperiți complet.

d) Amestecați sarea și piperul negru și puneți imediat amestecul de dovlecei pe farfurii de servire.

e) Ornați vasul cu brânză și serviți imediat.

38. Creveți pesto cu brânză cu paste

Porții pe rețetă: 8

Ingrediente

- 1 lb. paste linguine
- 1/3 cană pesto
- 1/2 cană unt
- 1 lb. creveți mari, curățați și devenați

- 2 cani smantana grea
- 1/2 lingurita piper negru macinat
- 1 cană parmezan ras

Directii

a) Într-o cratiță mare cu apă clocotită ușor sărată, adăugați pastele și gătiți timp de aproximativ 8-10 minute sau până la fierbere dorită, scurgeți bine și lăsați deoparte.

b) Între timp, topește untul într-o tigaie mare la foc mediu. Adăugați smântâna și piperul negru și gătiți, amestecând continuu, timp de aproximativ 6-8 minute.

c) Adăugați brânza și amestecați până se omogenizează bine. Se amestecă pesto și se fierbe, amestecând continuu, timp de aproximativ 3-5 minute.

d) Adaugati crevetii si gatiti aproximativ 3-5 minute. Se servesc calde cu paste.

39.Paste pesto cu nuci

Porții pe rețetă: 8

Ingrediente

- ulei de masline
- 2 lbs. spanac proaspăt, curățat
- 2 lbs. brânză ricotta fără grăsime
- 4 catei mari de usturoi, taiati cubulete
- 1/2 lingurita sare
- Piper negru proaspăt măcinat după gust
- 1/2 cană parmezan ras
- 1/3 cană nuci tăiate cubulețe, ușor prăjite
- 1 borcan (24 oz) de sos de rosii
- 16 tăiței lasagna proaspeți, nefierți
- 1/2 lb. mozzarella, pesto de nuci ras:
- 3 cani de frunze proaspete de busuioc ambalate
- 3 catei mari de usturoi
- 1/3 cana nuci prajite usor

- 1/3 cană ulei de măsline extravirgin
- 1/3 cană parmezan ras
- Sare si piper dupa gust
- Ulei de măsline extravirgin suplimentar (pentru depozitare)

Directii

a) Setați cuptorul la 350 de grade F înainte de a face orice altceva și ungeți un vas de 13 x 9 inci cu spray de gătit.

b) Pentru pesto, într-un robot de bucătărie, adăugați busuiocul, usturoiul și nucile și presăm până se toacă mărunt. În timp ce motorul funcționează încet, adăugați uleiul și pulsul până se omogenizează și transferați într-un bol și amestecați parmezanul, sare și piper negru.

c) Într-un castron mare, amestecați brânza de vaci sau ricotta, jumătate din parmezan, pesto, spanac, usturoi, nuci, sare și piper negru.

d) Pune jumătate din sosul de roșii în fundul vasului de copt pregătit și pune 1 strat de tăiței lasagna nefierți peste sosul de roșii.

e) Peste tăiței se pune o treime din amestecul de spanac, urmat de 1/3 din mozzarella. Repetați straturile o dată și terminați cu ultimul strat de tăiței.

f) Acoperiți și gătiți la cuptor pentru aproximativ 35 de minute.

g) Descoperiți caserola și presărați partea de sus a lasagnei cu parmezanul rezervat și gătiți încă 15 minute.

40. Lasagna pesto

Porții pe rețetă: 8

Ingrediente

- 1/4 cană nuci de pin
- 3 cani frunze proaspete de busuioc
- 3/4 cană parmezan ras
- 1/2 cană ulei de măsline
- 4 catei de usturoi
- 12 taitei lasagna
- spray de gatit
- 3 linguri ulei de masline
- 1 cană ceapă tocată
- 2 pachete (12 oz.) spanac tocat congelat
- 3 catei de usturoi, macinati
- 3 cani piept de pui fiert taiat cubulete
- 1 lingurita sare
- 1 lingurita piper negru macinat

- 2 cani de branza ricotta
- 3/4 cană parmezan ras
- 1 ou
- 2 cani de brânză mozzarella mărunțită

Directii

a) Setați cuptorul la 350 de grade F înainte de a face orice altceva și ungeți un vas de 13 x 9 inci cu spray de gătit.

b) Într-o tigaie antiaderentă încălzită, adăugați nucile de pin la foc mediu și gătiți, amestecând des, timp de aproximativ 3 minute sau până când sunt prăjite.

c) Într-un robot de bucătărie, adăugați nucile de pin prăjite și restul de pesto Ingrediente și amestecați până se omogenizează și lăsați deoparte.

d) Pentru lasagna, într-o cratiță mare cu apă clocotită ușor sărată, adăugați tăițeii lasagna și gătiți-i timp de aproximativ 8-10 minute sau până la fierbere dorită și scurgeți bine și lăsați deoparte.

e) Într-o tigaie mare, încălziți uleiul la foc mediu-mare și căliți ceapa și usturoiul timp de aproximativ 5 minute.

f) Adăugați spanacul și gătiți aproximativ 5 minute.

g) Adăugați puiul și gătiți aproximativ 5 minute și adăugați puțină sare și piper negru și luați de pe foc și lăsați-l să se răcească.

h) Într-un castron, amestecați parmezanul, ricotta, oul, 1 1/2 cană de pesto și amestecul de pui.

i) Puneți pesto-ul rămas în fundul caserolei pregătite uniform și acoperiți totul cu 4 tăiței lasagna.

j) Puneți uniform o treime din amestecul de pui peste tăiței și urmat de o treime din mozzarella și repetați straturile de două ori.

k) Gătiți totul la cuptor pentru aproximativ 35-40 de minute sau până când partea de sus devine maro aurie și clocotită.

41.Paste cu Pesto Veggies

Porții pe rețetă: 8

Ingrediente

- 1 cană frunze de busuioc proaspăt
- 2 catei de usturoi, taiati cubulete
- 1/4 cană nuci de pin
- 1/2 cană parmezan
- 1/4 cană ulei de măsline

- 2 linguri suc de lamaie
- 4 cani de paste mini penne
- 1 lingurita ulei de masline
- 1 lingurita ulei de masline
- 1/4 cană nuci de pin
- 1 cană sparanghel tocat
- 1/2 cană dovlecel feliat
- 1/2 cană măsline Kalamata feliate
- 1/2 cana ardei rosu prajit taiat cubulete
- 1/2 cană roșii uscate la soare tocate ▢▢1/2 cană brânză parmezan rasă

Directii

a) Într-o cratiță mare cu apă clocotită ușor sărată, adăugați pastele și gătiți timp de aproximativ 11 minute sau până la fierbere dorită, scurgeți bine și transferați într-un castron cu 1 lingură de ulei și lăsați deoparte.

b) Între timp, într-un robot de bucătărie, adăugați busuiocul, usturoiul, 1/2 cană de brânză, 1/4 cana de ulei, 1/4 cana de nuci de pin și suc de lămâie și pulsați până când se omogenizează și țineți deoparte.

c) Într-o tigaie mare, încălziți uleiul rămas la foc mediu și gătiți restul de 1/4 de cană de nuci de pin.

d) Gatiti pana devine maro auriu si transferati pe o farfurie si pastrati deoparte.

e) În aceeași tigaie, adăugați ingredientele rămase cu excepția brânzei și gătiți aproximativ 5-7 minute și amestecați nucile de pin.

f) Adăugați cantitatea dorită de pesto și paste și amestecați pentru a se combina.

g) Serviți imediat cu o garnitură de brânză.

42. Spaghete pesto

Porții pe rețetă: 4

Ingrediente

- 1 1/2 cană pătrunjel tocat
- 1 cană ulei
- 4 linguri busuioc tocat
- 3 oz. parmezan ras
- sare

- 26,5 oz. spaghete
- piper
- 2 oz. unt
- 1 catel de usturoi
- branza parmezan
- 2 oz. migdale măcinate
- 2 oz. nuci

Directii

a) Pregătiți spaghetele urmând instrucțiunile de pe ambalaj. Scurge-l.

b) Ia un robot de bucatarie: Pune in el patrunjelul, busuiocul, sare, piper, usturoi zdrobit, migdale, nuca si ulei. Amesteca-le netede.

c) Luați un bol de amestecare: amestecați în el untul cu pastele fierbinți.

d) Amestecați sosul pesto cu un praf de sare și piper.

e) Se presara deasupra niste parmezan. Serviți-l imediat.

43. Lasagna Alfredo

Porții pe rețetă: 8

Ingrediente

- 1 pachet (16 oz.) taitei lasagna
- 2 linguri ulei de masline
- 1 ceapa mica, tocata
- 1 pachet (16 oz.) spanac tocat congelat, dezghețat
- 7 oz. pesto de busuioc
- 30 oz. brânză ricotta
- 1 ou
- 1/2 lingurita sare
- 1/4 lingurita piper negru macinat
- 1/4 lingurita nucsoara macinata
- 2 cani de branza mozzarella, maruntita
- 9 oz. Sos pentru paste în stil Alfredo
- 1/4 cană parmezan ras

Directii

a) Setați cuptorul la 350 de grade înainte de a face orice altceva.

b) Acoperiți vasul de copt cu spray antiaderent sau ulei.

c) Luați un castron, amestecați: ouă bătute, nucșoară, piper, ricotta și sare.

d) Fierbe pastele timp de 9 minute în apă sărată. Scoateți tot lichidul.

e) Se prăjește spanacul și ceapa cu ulei de măsline. Până când ceapa este moale. Opriți focul apoi adăugați pesto.

f) Adăugați totul într-un fel de mâncare în felul următor: tăiței, spanac, ricotta, mozzarella. Continuați până când totul este folosit. Se ornează cu niște parmezan.

g) Gatiti 50 de minute. În timp ce acoperit. Lasă totul să stea timp de 10 minute.

44. Gnocchi cu usturoi și busuioc

Porții pe rețetă: 4

Ingrediente

- 2 cani de busuioc proaspat, bine ambalat
- 1/4 cană nuci de pin, ușor prăjite
- 2 catei de usturoi, tocati
- 1/3 cană ulei de măsline extravirgin

- 1/2 cană parmezan, sos ras
- 2 lingurite ulei de masline
- 1 cățel de usturoi, zdrobit
- 300 ml crema
- 500 g gnocchi de cartofi
- sare si piper
- 1 lingurita suc de lamaie
- busuioc proaspăt, pentru ornat
- felie de lămâie, pentru a servi

Directii

a) Pentru pesto într-un robot de bucătărie, adăugați busuiocul, nucile de pin și usturoiul și amestecați până se omogenizează.

b) În timp ce motorul funcționează încet, adăugați uleiul, pulsand până se combină bine. Adăugați parmezanul și pulsați până se omogenizează.

c) Într-o tigaie mică, încălziți uleiul la foc mediu și căliți usturoiul timp de aproximativ 1 minut.

d) Adăugați smântâna și 3 linguri de pesto și aduceți la fiert.

e) Reduceți focul la mic și fierbeți aproximativ 3 minute.

f) Intre timp, gatiti gnocchi conform Instructiunilor de pe pachet.

g) Scurgeți bine și transferați gnocchi într-un castron mare cu sosul și amestecați pentru a se combina.

h) Amestecați sarea, piperul și sucul de lămâie chiar înainte de servire.

i) Serviți cu o garnitură de busuioc și alături de felii de lămâie.

45. Gnocchi pesto

Porții pe rețetă: 4

Ingrediente

- 1 lingurita ulei de masline

- 1 jumătate de piept de pui fără piele și dezosat - tăiat în cuburi de 1 1/2 inch

- sare si piper negru macinat dupa gust 2 linguri supa de pui

- 1 8 oz. pesto preparat în borcan

- 1 12 oz. ambalați gnocchi de cartofi
- 4 uncii. bile mici de mozzarella proaspătă

Directii

a) Condimentam bucatile de pui cu sare si piper uniform.

b) Într-o tigaie se încălzește uleiul de măsline și se fierbe aproximativ 7-10 minute.

c) Cu o lingura cu fanta, transferati puiul intr-un castron, pastrand picuraturile in tava.

d) În aceeași tigaie, adăugați bulionul de pui și aduceți la fierbere, răzuind bucățile rumenite de pe fundul cratiței cu o lingură de lemn.

e) Gatiti aproximativ 7-10 minute.

f) Se amestecă puiul fiert și pesto-ul și se ia de pe foc.

g) Într-o cratiță mare cu apă clocotită ușor sărată, gătiți gnocchi la foc mare timp de aproximativ 3 minute.

h) Cu o lingura cu fanta, transferati gnocchi, rezervand apa in tigaie.

i) Aranjați tigaia cu amestecul de pui peste apa clocotită și gătiți aproximativ 5 minute, amestecând din când în când.

j) Transferați gnocchi în farfurii de servire și acoperiți cu amestecul de pui.

k) Adăugați mozzarella și amestecați până se omogenizează bine.

46. Pesto de parmezan

Porții pe rețetă: 8

Ingrediente

- 1 pachet (16 oz.) paste penne
- 2 linguri de unt
- 2 linguri ulei de masline
- 4 piept de pui fără piele și dezosat, tăiate în fâșii subțiri
- 2 catei de usturoi, sare si piper taiati cubulete dupa gust
- 1 1/4 cană smântână groasă
- 1/4 cană pesto
- 3 linguri de parmezan ras

Directii

a) Într-o cratiță mare cu apă clocotită ușor sărată, adăugați pastele și gătiți timp de aproximativ 8-10 minute sau până la fierbere dorită, scurgeți bine și lăsați deoparte.

b) Într-o tigaie mare, încălziți uleiul și untul la foc mediu și gătiți puiul aproximativ 5-6 minute sau până când este aproape gata.

c) Reduceți focul la mediu-mic și amestecați ingredientele rămase și gătiți până când puiul este complet gata.

d) Adăugați pastele și amestecați pentru a se acoperi bine și serviți imediat.

MĂCURI PESTO

47. Busuioc Pui

Porții pe rețetă: 4

Ingrediente

- 4 jumătăți de piept de pui fără piele și dezosat
- 1/2 cană pesto de busuioc preparat, împărțit
- 4 felii subtiri de prosciutto, sau mai multe daca este nevoie

Directii

a) Ungeți o tavă de copt cu ulei, apoi setați cuptorul la 400 de grade înainte de a face orice altceva.

b) Acoperiți fiecare bucată de pui cu 2 linguri de pesto apoi acoperiți fiecare cu o bucată de prosciutto.

c) Apoi pune totul în farfurie.

d) Gătiți totul la cuptor timp de 30 de minute până când puiul este complet gata.

e) Bucurați-vă.

48.Pesto de spanac cu brânză

Porții pe rețetă: 24

Ingrediente

- 1 1/2 cană frunze de spanac baby
- 3/4 cană frunze de busuioc proaspăt
- 1/2 cană nuci de pin prăjite
- 1/2 cană parmezan ras
- 4 catei de usturoi, curatati si taiati in patru
- 3/4 linguriță sare kosher
- 1/2 lingurita piper negru proaspat macinat
- 1 lingurita suc proaspat de lamaie
- 1/2 lingurita coaja de lamaie
- 1/2 cană ulei de măsline extravirgin

Directii

a) Într-un robot de bucătărie, adăugați 2 linguri de ulei și ingredientele rămase și pulsați până se combină bine.

b) În timp ce motorul funcționează încet, adăugați uleiul rămas și pulsați până se omogenizează.

49.Provolone Pesto

Porții pe rețetă: 1

Ingrediente

- 2 felii de pâine italiană
- 2 felii de roșii
- 1 lingurita de unt inmuiat, impartit
- 1 felie de brânză americană
- 1 linguriță sos pesto preparat, împărțit
- 1 felie de brânză provolone

Directii

a) Întindeți 1/2 linguriță de unt peste 1 felie uniform. Într-o tigaie antiaderentă, aranjați felia, cu partea unsă în jos, la foc mediu.

b) Puneți 1/2 linguri de pesto peste felia unsă uniform, urmată de o felie de brânză provolone, felii de roșii și felie de brânză americană.

c) Puneți pesto-ul rămas peste o altă felie uniform și acoperiți felia în tigaie, cu pesto în jos.

d) Acum, întindeți untul rămas deasupra sandvișului și gătiți totul timp de aproximativ 5 minute din ambele părți sau până când se rumenește.

50.Chiftele pesto umplute cu brânză

Porții pe rețetă: 12

Ingrediente

- 3 lbs. curcan măcinat
- 1 cana ceapa tocata marunt
- 4 catei de usturoi, taiati cubulete
- 1 ou
- 1 cană pesmet în stil italian
- 1/2 cană brânză Parmigiano-Reggiano rasă
- 1/2 cană pătrunjel proaspăt tocat cu frunze plate
- 1/4 cană pesto preparat
- 1/4 cană lapte
- 1 lingura sare
- 2 lingurițe de piper negru proaspăt măcinat
- 1 lb. mozzarella proaspătă, tăiată în cuburi mici
- 3 linguri ulei de măsline extravirgin
- 2 borcane (24 oz) sos marinara

Directii

a) Setați cuptorul la 375 de grade F înainte de a face orice altceva.

b) Într-un castron mare, adăugați curcanul, oul, brânza Parmigiano-Reggiano, pesto, laptele, pesmetul, ceapa, usturoiul, pătrunjelul, sare și piper negru și amestecați până se omogenizează bine și faceți chiftele de 1 inch.

c) Cu degetele, faceți o gaură în centrul fiecărei bile și umpleți găurile cu cuburi de mozzarella.

d) Într-o tigaie antiaderentă, aranjați chiftelele într-un singur strat și stropiți uniform cu ulei.

e) Se fierb chiftelele la cuptor timp de 30 de minute sau până la starea dorită.

f) Intr-o tigaie adaugam sosul marinara la foc mic si aducem la foc mic.

g) Așezați cu grijă chiftelele într-o tigaie cu sos marinara și lăsați-le să fiarbă cel puțin 2 minute.

51. Paste cu Pesto Pui și Spanac

Porții pe rețetă: 4

Ingrediente

- 2 linguri ulei de masline
- 2 catei de usturoi, tocati marunt
- 4 jumătăți de piept de pui fără piele și dezosat - tăiate fâșii
- 2 cani frunze proaspete de spanac

- 1 pachet (4,5 oz.) amestec uscat de sos Alfredo
- 2 linguri pesto
- 1 pachet (8 oz.) paste penne uscate
- 1 lingurita branza Romano rasa

Directii

a) Într-o tigaie mare, încălziți uleiul la foc mediu-înalt și căleți usturoiul timp de aproximativ 1 minut.

b) Adăugați puiul și gătiți aproximativ 7-8 minute pe ambele părți și amestecați spanacul și gătiți aproximativ 3-4 minute.

c) În același timp, pregătiți sosul Alfredo conform instrucțiunilor de pe ambalaj și adăugați pesto și amestecați pentru a se combina și ține deoparte.

d) Într-o cratiță mare cu apă clocotită ușor sărată, se adaugă pastele și se fierb timp de aproximativ 8-10 minute sau până la fierbere dorită și se scurg bine.

e) Într-un castron mare, adăugați pastele fierte, amestecul de pui și amestecul de pesto și amestecați pentru a se acoperi bine.

f) Serviți imediat cu o garnitură de brânză.

52. Vinete la fiert

Porții pe rețetă: 2

Ingrediente

- 1/2 cană ulei de măsline, pentru prăjit
- 2 vinete mari, tăiate la jumătate pe lungime
- 1 praf sare si piper negru macinat dupa gust
- 1/4 cană frunze de busuioc proaspăt
- 3 catei de usturoi, taiati cubulete
- 2 linguri nuci de pin
- 2 linguri de parmezan proaspat ras
- 3 linguri ulei de masline extravirgin, pentru pesto

Directii

a) Setați grătarul cuptorului la mic și aranjați grătarul la aproximativ 6 inchi de elementul de încălzire.

b) Cu un cuțit ascuțit, tăiați fâșii în formă încrucișată în fiecare jumătate de vinete (Aveți grijă să nu străpungeți pielea) și asezonați vinetele cu sare și piper negru

c) Într-o tigaie mare, încălziți 1/2 cană de ulei de măsline la foc mediu.

d) Puneți cu atenție jumătățile de vinete în tigaie, cu pielea în sus și gătiți timp de aproximativ 10 minute sau până când se rumenesc.

e) Schimbați partea și gătiți aproximativ 2-3 minute și transferați pe o farfurie tapetată cu un prosop de hârtie.

f) Între timp, într-un robot de bucătărie, adăugați busuiocul, usturoiul, brânza, nucile de pin și jumătate din ulei și pulsați până se combină bine.

g) În timp ce motorul funcționează încet, adăugați uleiul rămas și pulsați până se omogenizează.

h) Într-o tigaie, puneți jumătățile de vinete, cu pielea în jos și acoperiți fiecare jumătate cu pesto.

i) Se fierb timp de aproximativ 7-10 minute sau până când partea de sus devine spumoasă.

53. Mixed Medley Pesto

Porții pe rețetă: 4

Ingrediente

- 6 1/2 cană apă
- 1 dovlecel mare, tăiat cubulețe
- 6 cuburi bulion de legume
- 2 linguri pesto de roșii uscate la soare

- 2 cartofi medii, tăiați cubulețe
- 2 morcovi, tăiați cubulețe
- 1 ceapă medie, tăiată cubulețe

Directii

a) Într-o cratiță mare, adăugați apa și aduceți la fiert la foc mediu și dizolvați complet cuburile de bulion de legume.

b) Adaugati toate legumele si gatiti aproximativ 10 minute si reduceti focul la mic.

c) Se amestecă pesto și se fierbe timp de aproximativ 35 de minute sau până când cartofii sunt complet gata.

54. Dovlecel cu pesto și brânză

Porții pe rețetă: 4

Ingrediente

- 4 dovlecei, feliați
- 1 cană pesto de busuioc
- 4 linguri de parmezan

Directii

a) Într-un cuptor cu aburi, aranjați dovlecelul peste aproximativ 1 inch de apă clocotită.

b) Gatiti, acoperit, timp de aproximativ 2-6 minute sau pana se obtine gradul dorit.

c) Transferați dovlecelul într-un bol de servire cu pesto și amestecați bine.

d) Serviți cu o garnitură de brânză.

55. Macaroane în sos cremos de vită

Porții pe rețetă: 6

Ingrediente

- 1 pachet (16 oz.) macaroane cot
- 1/2 cană smântână
- 1 lb. carne de vită măcinată
- 1/2 cană pesto

Directii

a) Într-o cratiță mare cu apă clocotită ușor sărată, adăugați macaroanele și gătiți timp de aproximativ 8-10 minute sau până la fierbere dorită, scurgeți bine și lăsați deoparte.

b) Într-o tigaie mare, încălziți uleiul la foc mediu-mare și gătiți carnea de vită aproximativ 5-7 minute sau până se rumenește și scurgeți toată grăsimea.

c) Adăugați smântâna și pesto și amestecați pentru a se combina.

d) Gatiti pana se incalzeste complet.

e) Se amestecă macaroanele și se servește imediat.

56. Friptura pesto

Porții pe rețetă: 6

Ingrediente

- 4 catei de usturoi
- 2 cani de frunze proaspete de busuioc impachetate
- 1/3 cană nuci de pin
- 1/2 cană ulei de măsline extravirgin
- 1/2 cană parmezan proaspăt ras

- 1 1/2 linguri de suc proaspăt de lămâie
- 3/4 linguriță fulgi de ardei roșu
- 6 (6 oz.) fripturi plate de fier
- 2 catei mari de usturoi, taiati cubulete
- sare si piper dupa gust

Directii

a) Setați grătarul la foc mediu-mare și ungeți grătarul cu puțin spray de gătit.

b) Intr-un robot de bucatarie, adauga busuiocul, 4 catei de usturoi si nucile de pin si pulsa pana se toaca marunt.

c) În timp ce motorul funcționează încet, adăugați ulei și pulsați până se omogenizează.

d) Adăugați sucul de lămâie, brânza, fulgii de ardei roșu, sare și piper negru și pulsați până se omogenizează bine și se omogenizează și se ține deoparte.

e) Frecați friptura cu cei 2 căței de usturoi rămași uniform și stropiți cu sare și piper negru.

f) Gătiți friptura pe grătar timp de aproximativ 4 minute pe ambele părți, acoperind din când în când cu puțin amestec de pesto.

g) Serviți friptura cu un topping din orice pesto rămas.

57.Pesto Pink Pilaf

Porții pe rețetă: 4

Ingrediente

- 1 1/2 lb. fileuri de somon, tăiate în cuburi de 1 inch
- 1/3 cană pesto
- 2 linguri de unt
- 2 salote, tocate marunt
- 1 cană de orez alb cu bob lung nefiert
- 2 1/2 cană bulion de pește
- 2/3 cană vin alb sec

Directii

a) Într-un castron, adăugați somonul și pesto-ul și amestecați pentru a se acoperi bine și lăsați deoparte.

b) Topiți untul într-o tigaie la foc mediu și căliți șoapele timp de aproximativ 2-3 minute sau până se înmoaie.

c) Adăugați vinul, bulionul și orezul și amestecați pentru a se combina și aduceți la fierbere.

d) Reduceți focul la mic și fierbeți, acoperit timp de aproximativ 15 minute.

e) Descoperiți tigaia și puneți somonul peste orez și fierbeți, acoperit aproximativ 25-30 de minute sau până când somonul și orezul sunt complet gata.

58.Peste pesto

Porții pe rețetă: 4

Ingrediente

- 1/4 cană nuci de pin
- 1/2 cană busuioc proaspăt tocat grosier
- 1/4 cană parmezan ras
- 1 cățel de usturoi, tăiat cubulețe
- 3 linguri ulei de măsline extravirgin
- sare si piper negru proaspat macinat dupa gust
- 1 lb. file de somon

Directii

a) Setați grătarul la foc mediu-mare și ungeți grătarul cu puțin spray de gătit.

b) Adăugați nucile de pin într-o tigaie antiaderență mică preîncălzită la foc mediu și gătiți, amestecând timp de aproximativ 5 minute sau până când sunt prăjite.

c) Într-un robot de bucătărie, adăugați nuci de pin prăjite, parmezan, busuioc și usturoi și amestecați până se formează o pastă groasă.

d) În timp ce motorul funcționează încet, adăugați uleiul și pulsul până la omogenizare și condimentați cu sare și piper negru.

e) Puneți fileurile de somon peste grătar, cu pielea în jos și gătiți, acoperit, timp de aproximativ 8-15 minute sau pâna când somonul este gata de aproximativ 2/3.

f) Acum, așezați fileurile de somon pe o foaie de copt și acoperiți fiecare file cu pesto uniform.

g) Setați broilerul cuptorului pentru încălzire și aranjați suportul la aproximativ 6 inci de elementul de încălzire.

h) Prăjiți fileurile de somon timp de aproximativ 5 minute sau până când somonul este gata și pesto-ul devine spumant.

59. Risotto pesto cu parmezan

Porții pe rețetă: 2

Ingrediente

- 1 cană de orez risotto (Arborio)
- 2 1/2 cană bulion de pui
- 1 lingura de unt
- 1 ardei gras rosu, tocat
- 1 ceapa, tocata
- 1 rosie, tocata
- 1/2 dovlecel, tocat
- 1/3 cană mazăre
- 1/2 cană ciuperci, feliate
- 2 -3 linguri sos pesto
- parmezan, ras
- sare si piper

Directii

a) Puneți o tigaie adâncă la foc mediu. Încălziți în el untul. Gatiti in ea ceapa timp de 2 minute.

b) Se amestecă ardeiul și se fierbe timp de 2 minute. Se reduce focul și se amestecă orezul.

c) Gatiti-le timp de 1 min. Amestecați 1/4 de cană de bulion și gătiți-le până când orezul îl absoarbe în timp ce amestecați.

d) Se amestecă roșia cu dovlecel. Gatiti-le timp de 22 de minute in timp ce amestecati adaugand mai mult bulion cand este nevoie.

e) Se amestecă ciupercile cu un praf de sare și piper. Gătiți-le timp de 5 minute în timp ce amestecați.

f) Se amestecă mazărea cu orice bulion rămas. Asezonați-le cu un praf de sare și piper.

g) Servește-ți risottoul cald cu toppinguri la alegere.

60. Tennessee Tilapia

Porții pe rețetă: 2

Ingrediente

- 1/2 litru de roșii cherry
- sare si piper
- 4 căței de usturoi, topping tocați
- 2 lingurite ulei de masline extravirgin
- felie de lămâie
- 2 linguri sos pesto
- 1 lămâie
- 2 (4 oz.) file de tilapia

Directii

a) Setați cuptorul la 425 de grade F înainte de a face orice altceva.

b) Intr-un bol adaugam rosiile, usturoiul, uleiul de masline si putina sare si piper si amestecam usor.

c) Transferați amestecul într-o tavă de copt și gătiți la cuptor pentru aproximativ 10 minute.

d) Într-un castron, adăugați puțin sucul de lămâie și pesto și amestecați bine.

e) Asezonați fileurile de tilapia cu sare și piper.

f) Întindeți amestecul de pesto peste fiecare file de tilapia.

g) Tăiați din nou jumătățile de lămâie cu sucul în jumătate.

h) Aranjați 4 bucăți de lămâie pe o tavă de copt.

i) Așezați fiecare file peste 2 bucăți de lămâie.

j) Gatiti la cuptor aproximativ 10 minute.

k) Așezați 1 file în fiecare farfurie de servire.

l) Împărțiți amestecul de roșii în ambele farfurii.

m) Serviți alături de felii de lămâie.

61. Midii Puttanesca Busuioc

Porții pe rețetă: 4

Ingrediente

- 1/2 cană busuioc
- 1/2 cana patrunjel italian
- 1/2 cană nuci
- 1/4 cană ulei de măsline
- 2 catei de usturoi tocati
- 2 linguri suc de lamaie
- 1/2 lingurita sare
- 8 oz. paste cu păr de înger
- 2 ardei cireși roșii dulci mărunțiți
- 1 rosie tocata
- 1/8 cană de roșii uscate la soare, ambalate în ulei
- 2 linguri de brânză feta mărunțită
- 1/8 cană măsline tocate, la alegere
- 1 lingurita capere

- 3 2/3 oz. midii afumate
- piper

Directii

a) Pentru pesto într-un robot de bucătărie, adăugați nucile, ierburile proaspete, usturoiul, zeama de lămâie, uleiul de măsline și sare și amestecați până se omogenizează.

b) Pregătiți pastele conform instrucțiunilor de pe ambalaj.

c) Într-un vas mare de servire, puneți pesto, pastele și ingredientele rămase și amestecați pentru a se acoperi bine.

62. Pennsylvania Cotlet de Pui

Porții pe rețetă: 1

Ingrediente

- 2 linguri vinaigretă balsamică
- 1/2 pâine focaccia, tăiată orizontal
- 1 cană de salată verde mixtă, ambalată lejer
- 3 -4 felii de roșii coapte cu viță de vie
- 3 -4 felii de ceapa rosie
- 3 oz. piept de pui dezosat, fara piele, la gratar si feliat
- 1 lingurita maioneza
- 1 linguriță pesto de busuioc

Directii

a) Puneți felia de pâine de jos pe o farfurie. Stropiți peste el vinaigreta balsamică.

b) Puneți salata verde, urmată de roșii, ceapă feliată și piept de pui.

c) Luați un bol de amestecare: amestecați în el pesto cu maioneză. Stropiți amestecul peste feliile de piept de pui.

d) Acoperiți sandvișul cu felia de pâine de deasupra. Serviți-l imediat.

e) Bucurați-vă.

63. Peste pesto de lamaie

Porții pe rețetă: 4

Ingrediente

- 2 lbs. file de somon, dezosat
- 1/2 cană de vin alb
- 2 lămâi

- 1 1/2 cană pesto

Directii

a) Ungeți o tavă cu ulei, apoi puneți bucățile de pește în ea, cu pielea peștelui îndreptată în jos.

b) Ungeți peștele cu sucul de la o lămâie proaspăt storsă, apoi acoperiți totul cu vin.

c) Lăsați peștele să stea în farfurie timp de 20 de minute.

d) Acum încingeți cuptorul înainte de a face orice altceva.

e) Așezați pesto-ul peste bucățile de pește uniform și gătiți totul sub broiler.

f) Pentru fiecare 1 inch de grosime a peștelui tău. Prăjiți-l timp de 9 minute.

g) Acum scoateți peștele din cuptor și acoperiți-i cu zeama unei a 2-a lămâi proaspăt stors.

h) Tăiați restul de lămâie în bucăți subțiri și puneți-le peste pește.

64. California Chimichurri Rib-Eye

Porții pe rețetă: 4

Ingrediente

- 2 fripturi de coastă
- 1/4 cană sos pesto

- 2 linguri de parmezan mărunțit
- 1 lingurita ulei de masline

Pesto

- 2 cani frunze de busuioc, impachetate
- 1/2 cană brânză Romano rasă
- 1/2 cană ulei de măsline extravirgin
- 1/3 cană nuci de pin
- 3 catei de usturoi de marime medie, tocati
- sare si piper negru macinat

Directii

a) Setați grătarul la foc mediu și ungeți ușor grătarul.

b) Pentru pesto: intr-un blender se adauga nucile de pin, busuiocul si usturoiul si se paseaza pana se toaca marunt.

c) În timp ce motorul funcționează, adăugați încet uleiul și pulsați până se combină bine. Adaugati branza Romano, un praf de sare si piper negru si pulsati pana se omogenizeaza bine.

d) Transferați pesto-ul într-un castron. Adăugați parmezanul și amestecați bine. Cu un cuțit ascuțit, faceți o tăietură orizontală în interiorul fiecărei fripturi de vită pentru a crea un buzunar.

e) Puneți amestecul de pesto în buzunarul fiecărei fripturi uniform și cu degetele apăsați buzunarele pentru a închide.

f) Stropiți fiecare buzunar cu ulei în mod uniform.

g) Aranjați buzunarele pentru friptură pe grătar la aproximativ 4-5 inci de elementul de încălzire.

h) Acoperiți și gătiți pe grătar aproximativ 6-7 minute pe fiecare parte.

i) Scoateți fripturile de pe grătar și puneți-le pe o masă de tăiat.

j) Tăiați fiecare în fâșii groase și bucurați-vă.

65. Nuci pecan, parmezan și cușcuș pesto

Porții pe rețetă: 4

Ingrediente

- 2/3 cană bucăți de nuci pecan
- 1 lingura de unt
- 1 1/2 cană ciuperci buton proaspete tăiate în sferturi
- 1 ceapa, tocata
- 1 lingurita usturoi proaspat tocat

- 2 lingurite de unt
- 1 1/4 cană apă
- 1 cutie de cușcuș (5,8 oz).
- 1 sticlă (8,5 oz) pesto de roșii uscate la soare
- 1/3 cana parmezan ras fin sau mai mult dupa gust
- sare si piper negru macinat dupa gust

Directii

a) Prăjiți nucile pecan la cuptor într-o tavă timp de 25 de minute.

b) Între timp, prăjiți usturoiul, ceapa și ciupercile în 1 lingură de unt timp de 9 minute. Apoi pune totul într-un castron.

c) Topiți încă 2 linguri de unt și apoi adăugați-l în apă, lăsați-l să fiarbă.

d) După ce totul fierbe, adăugați cușcușul într-un castron mare și apoi combinați-l cu apa clocotită.

e) Pune o acoperire pe vasul cu folie de plastic și lasă-l să stea timp de 12 minute.

f) După ce tot lichidul a fost absorbit, amestecați-l cu o furculiță.

g) Adăugați pesto, nucile pecan, parmezanul și ciupercile în cușcuș, apoi adăugați puțin piper și sare.

h) Amesteca totul uniform.

66. Pesto de pui cambodgian

Porții pe rețetă: 2

Ingrediente

- 500 g pulpe de pui, tocate
- 1 lingurita sos de stridii
- 1 legatura frunze de busuioc
- 1 lingurita sos de soia dulce negru
- 4 ardei iute iute, tocati
- 2 linguri ulei de gatit
- 1 mână de arahide
- 150 ml apă
- 1 lingurita usturoi tocat
- 1 lingura sos de peste

Directii

a) Într-o tigaie, încălziți uleiul și gătiți puiul, ardeii iute, usturoiul, sosul de pește și apă timp de aproximativ 10 minute.

b) Se amestecă busuiocul, alunele, sosul de soia dulce și sosul de stridii și se fierbe timp de aproximativ 2 minute.

67. Pesto de somn

Porții pe rețetă: 4

Ingrediente

- 3 linguri de unt, împărțite
- 1 pachet (16 oz.) de porumb sâmbure întreg congelat
- 1 ceapa, medie si tocata
- 1 ardei gras verde, de marime medie, tocat
- 1 ardei gras rosu, de marime medie, tocat
- 3/4 lingurita sare
- 3/4 lingurita piper alb
- 1/2 cană făină
- 1/4 cană făină de porumb galbenă
- 1 lingură condiment creol
- 32 oz. file de somn
- 1/3 cană zară
- 1 lingurita ulei vegetal
- 1/2 cană smântână pentru frișcă

- 2 linguri busuioc, tocat

Directii

a) Pune o tigaie la foc mare. Încălzește în ea 2 linguri de unt. Se calesc in el porumbul, ceapa, ardeiul gras, sare si piper timp de 4 min.

b) Obțineți un castron puțin adânc: amestecați în el făina, mălaiul și condimentele creole.

c) Scufundați fileurile de pește în zara apoi ungeți-le cu amestecul de făină.

d) Pune o tigaie mare la foc mediu. Încinge în ea 1 lingură de unt cu ulei. Prăjiți în el fileurile de pește timp de 3 până la 4 minute pe fiecare parte.

e) Scurgeți fileurile de pește și puneți-le pe farfurii de servire. Amestecați crema cu busuioc în aceeași tigaie.

f) Se încălzește timp de 1 până la 2 minute. Opriți căldura.

g) Peste ele se pun fileurile cu amestecul de legume. Stropiți deasupra sosul de busuioc.

h) Serviți-le imediat cu niște orez.

PANINI, SANDWICHES & WRAP-uri

68. Sandviș deschis cu pesto cu brânză

Porții pe rețetă: 8

Ingrediente

- 1 (1 lb.) pâine baghetă franceză
- 2/3 cană maioneză
- 1/3 cană pesto de busuioc

- 2 catei de usturoi, taiati cubulete
- 1/2 cană parmezan proaspăt ras
- Sarat la gust

Directii

a) Setați cuptorul la broiler înainte de a face orice altceva.

b) Pe o foaie de biscuiți, așezați feliile de pâine într-un singur strat și le puneți la grătar timp de aproximativ 5-6 minute sau până se prăjesc ușor.

c) Scoateți totul din cuptor și puneți imediat pe o farfurie, schimbând partea feliei de pâine, cu partea prăjită în jos.

d) Acum, setați cuptorul la 350 de grade F înainte de a continua.

e) Într-un castron mic, adăugați ingredientele rămase și amestecați până se omogenizează bine.

f) Întindeți amestecul de pesto peste partea neprăjită a fiecărei felii uniform și aranjați-l pe o foaie de biscuiți. Gatiti totul la cuptor pentru aproximativ 6-8 minute.

g) Acum, puneți cuptorul la grătar și prăjiți sandvișul până când partea de sus devine maro aurie și clocotită.

69.Gyros Caprese

Porții pe rețetă: 12

Ingrediente

- 4 rondele de pâine pita
- 1 lingurita ulei de masline
- 1/4 lingurita condimente italiene
- 1/4 cană parmezan ras
- 8 oz. branza mozzarella
- 2 roșii prune mari
- 1/2 cană busuioc, tocat
- 1/4 cana nuci prajite, tocate
- 1 cățel de usturoi, presat
- 1/4 lingurita sare
- 2 linguri sos de salata cu vinaigreta balsamica usoara
- 4 cani de verdeață pentru copii

Directii

a) Setați cuptorul la 425 de grade F înainte de a face orice altceva.

b) Ungeți rondele de pita cu ulei uniform și acoperiți cu condimente italiene, urmate de parmezan.

c) Se fierbe la cuptor pentru aproximativ 8-10 minute.

d) Intre timp, pentru pesto: intr-un castron adauga busuiocul, usturoiul, nucile si sarea si amestecam pana se omogenizeaza bine.

e) Scoateți rondelele de pita din cuptor și aranjați-le pe farfurii, cu partea de brânză în jos.

f) Așezați uniform pansamentul pe spatele fiecărei runde de pita.

g) Tăiați fiecare rundă în 6 felii de dimensiuni egale.

h) Aranjați 12 felii de pita pe un platou.

i) Acoperiți fiecare felie de pita cu câteva verdețuri, 1 felie de mozzarella, pesto și 1 felie de roșii.

j) Acoperiți fiecare felie cu feliile rămase, cu partea de brânză în sus.

k) Asigurați fiecare sandviș cu scobitorii și bucurați-vă.

70. Florida Chicken Panini

Porții pe rețetă: 4

Ingrediente

- 4 piept de pui dezosati si fara piele, macinati
- 3 linguri ulei de masline

- 1 lingurita usturoi tocat

- 1 linguriță condiment italian uscat

- sare si piper

- 1 1/2 cană ardei roșii prăjiți

- 4 felii de brânză provolone

- 3/4 cană sos pesto

- 8 felii de pâine italiană ulei de măsline

Directii

a) Aranjați pieptul de pui între 2 foi de hârtie ceară și cu un ciocan de carne, bateți până la o grosime uniformă.

b) Intr-un castron adaugam usturoiul, 3 linguri de ulei, condimentele italiene si piperul si amestecam bine.

c) Adăugați pieptul de pui și ungeți generos cu amestecul de ulei.

d) Se da la frigider pentru aproximativ 2 ore.

e) Scoateți pieptul de pui din marinadă și stropiți uniform cu sare și piper.

f) Pune o tigaie la foc mediu până se încălzește.

g) Adăugați bucățile de pui și gătiți aproximativ 10 minute, răsturnând o dată la jumătate.

h) Transferați pieptul de pui pe o farfurie.

i) Peste fiecare piept de pui se aseaza uniform ardeii prajiti, urmat de 1 felie de branza.

j) Puneți pesto pe ambele părți ale fiecărei felii de pâine uniform.

k) Puneți 1 piept de pui pe fiecare dintre cele 4 felii de pâine.

l) Acoperiți cu feliile de pâine rămase.

m) Ungeți exteriorul fiecărui sandviș cu ulei de măsline.

n) Puneți o tigaie pentru grătar la foc mediu-mare până se încălzește.

o) Puneți 2 sandvișuri panini și acoperiți cu o altă tigaie grea pentru greutate, urmată de o cutie grea.

p) Fierbeți aproximativ 6 minute, răsturnând o dată la jumătate.

q) Tăiați fiecare sandviș în jumătate și bucurați-vă.

71. Mozzarella Provolone Panini

Porții pe rețetă: 1

Ingrediente

- 1/3 cană roșii uscate la soare scurse la pachet
- ulei de masline extravirgin in ulei, tocat
- 5 felii de brânză provolone
- 3 linguri măsline negre curate cu ulei, fără sâmburi și
- 1/2 lb. brânză mozzarella, feliată măruntită

- 1/2 lingurita oregano uscat

- piper măcinat

- 10 felii de pâine albă

Directii

a) Pentru pesto: într-un blender, adăugați măslinele, roșiile uscate la soare, oregano și ardeiul și presează până se formează o pastă ușor concomitentă.

b) Ungeți o parte din toate feliile de pâine cu ulei într-un strat subțire.

c) În partea de jos o foaie de copt, aranjați 5 felii de pâine, cu partea unsă în jos.

d) Asezati 1 felie de provolone peste 5 felii de paine, urmate de pesto de rosii si branza mozzarella.

e) Acoperiți cu feliile de pâine rămase, cu partea unsă în sus.

f) Pune o tigaie la foc mediu-mare până se încălzește.

g) Așezați sandvișurile în loturi și acoperiți cu o tigaie din fontă pentru greutate.

h) Fierbeți aproximativ 4 minute, răsturnând o dată la jumătate.

i) Tăiați fiecare sandviș în jumătate și bucurați-vă.

72. Panini de Vită Busuioc

Porții pe rețetă: 4

Ingrediente

- 8 felii de pâine italiană
- 4 felii de brânză mozzarella
- 2 linguri de unt, sos de spaghete moale
- 4 linguri pesto de busuioc preparat
- 1/2 lb. friptură de vită deli, gătită, feliată

Directii

a) Puneți untul pe o parte a tuturor feliilor de pâine uniform.

b) Asezati carnea de vita peste 4 felii de paine uniform, urmate de pesto si branza.

c) Acoperiți cu feliile de pâine rămase, cu partea unsă în sus.

d) Pune tigaia la foc mediu pana se incalzeste.

e) Așezați sandvișurile, cu partea unsă în jos și gătiți aproximativ 4-5 minute, răsturnând o dată la jumătate.

f) Savurați cald alături de sosul de spaghete.

73. Panini de grâu integral

Porții pe rețetă: 6

Ingrediente

- 2 roșii mari de friptură, fără miez și feliate
- 1 bile (16 oz) de brânză mozzarella
- 12 felii de pâine integrală
- 1 cană sos pesto

- sare cușer
- unt, nesărat

Directii

a) Setați presa panini așa cum este sugerat de manual.

b) Se condimentează feliile de roșii cu puțină sare.

c) Aranjați feliile de pâine pe un platou.

d) Puneți pesto pe toate feliile de pâine uniform.

e) Pune 1 felie de mozzarella pe 6 felii de pâine, urmată de feliile de roșii.

f) Se presară roșia cu puțină sare.

g) Acoperiți cu feliile de pâine rămase, cu pesto în jos.

h) Puneți untul pe ambele părți ale tuturor sandvișurilor.

i) Pune sandvișurile în presa de panini în loturi și gătește aproximativ 2-3 minute.

j) Tăiați fiecare sandviș în jumătate și savurați cald.

74. Sandwich de vară

Porţii pe reţetă: 8

Ingrediente

- 1 (1 lb.) pâine ciabatta
- 3/4 cană pesto
- 8 oz. brânză fontina, feliată
- 2 roșii coapte, feliate
- 4 frunze de salata verde

Directii

a) Porniți grătarul cuptorului la minim, dacă este posibil.

b) Tăiați-vă pâinea în jumătate. Ungeți o parte cu puțin pesto, apoi puneți următoarele straturi pe cealaltă parte: roșii și brânză fontina.

c) Puneți bucățile de pâine care au brânză sub broiler până când brânza se topește.

d) Acoperiți această bucată cu puțină salată verde.

e) Formați sandvișuri apoi tăiați-le în jumătate pentru servire.

75. Aluat, provolone, pesto

Porții pe rețetă: 16

Ingrediente

- 1/2 cană ulei de măsline extravirgin
- 8 felii de pâine cu aluat
- 1/4 cană pesto
- 16 felii subțiri de brânză provolone
- 12 felii subțiri de prosciutto
- 4 ardei roșii întregi, prăjiți, tăiați julien

Directii

a) Încălzește grătarul Panini conform instrucțiunilor producătorului.

b) Răspândiți pesto peste fiecare jumătate de pâine înainte de a pune jumătate de brânză, prosciutto, fâșii de ardei și brânză rămasă peste jumătatea inferioară și închideți-l pentru a face un sandviș.

c) Puneți puțin unt deasupra și gătiți acest Panini în grătarul preîncălzit timp de aproximativ 4 minute sau până când exteriorul este auriu.

76. Pita, Pesto și Parmezan

Porții pe rețetă: 4

Ingrediente

- 1 cada (6 oz.) pesto de roșii uscate la soare
- 3 linguri ulei de masline
- 6 (6 inchi) pâine pita din grâu integral

- piper negru măcinat după gust
- 2 rosii roma (prune), tocate
- 1 legatura de spanac, clatit si tocat
- 4 ciuperci proaspete, feliate
- 1/2 cană brânză feta măruntită
- 2 linguri de parmezan ras

Directii

a) Setați cuptorul la 350 de grade înainte de a face orice altceva.

b) Ungeți fiecare bucată de pita cu puțin pesto și apoi stratificați fiecare cu: piper, roșii, ulei de măsline, spanac, parmezan, ciuperci și feta.

c) Gătiți pâinea, timp de 15 minute, la cuptor, apoi tăiați-le în triunghiuri înainte de servire.

d) Bucurați-vă.

77. Wrap-uri pesto de curcan de gradina

Porții pe rețetă: 1

Ingrediente

- 1 tortilla mare
- 1/4 cană muguri de lucernă
- 2 linguri pesto de busuioc
- 2 linguri de brânză cheddar măruntită
- 3 linguri cremă de brânză fără grăsimi

- 2 linguri morcovi mărunțiți
- 3 felii de rosii
- 4 felii de curcan delici
- 6 felii de castraveți

Directii

a) Se încălzește tortilla într-o tigaie câteva secunde pe fiecare parte. Transferați-l pe o farfurie.

b) Acoperiți-l cu sos pesto, urmat de cremă de brânză, roșii, castraveți, muguri de lucernă, morcov, curcan și brânză.

c) Rulați-vă tortilla burrito, apoi serviți-l.

78. Wraps cu salata verde pesto tilapia

Porții pe rețetă: 2

Ingrediente

- 2 -3 file de tilapia
- 1 avocado, feliat
- 16 oz. ulei de rapita
- 1 cap de salată iceberg

Aluat

- 1 linguriță condiment Old Bay
- 1 lingurita sare
- 1 lingurita piper negru
- 1 lingurita piper cayenne
- 1/2 lingurita praf de usturoi
- 3/4 cană făină de grâu
- 3/4 cană pesmet panko
- 1 ou
- 1/2-1 cană apă

Pesto

- 1/2 cană ardei roșu prăjit
- 1/4 cană iaurt grecesc
- 2 catei de usturoi
- 1/2 cană de busuioc
- 1/2 cană amestec de parmezan și brânză pecorino
- 1/2 lingurita piper
- 1/4 cană ulei de măsline

Directii

a) Pentru a pregăti aluatul:

b) Luați un bol de amestecare: amestecați în el toate ingredientele pentru aluat.

c) Tăiați fiecare file de pește în 3 bucăți. Scufundați-le complet în aluat.

d) Pune o tigaie mare adâncă la foc mediu. Încinge în ea 3 inci de ulei.

e) Prăjiți în el bucățile de pește până devin maro auriu. Scurge-le si aseaza-le pe prosoape de hartie sa se usuce.

f) Luați un robot de bucătărie: puneți în el toate Ingrediente pesto de ardei. Asezonați-le cu un praf de sare. Amesteca-le netede.

g) Suprapuneți fiecare 2 frunze de salată verde pe o farfurie de servire. Acoperiți-le cu pește prăjit, urmat de pesto de avocado și ardei.

h) Servește-ți ambalajele deschise imediat. Bucurați-vă.

79. Garden Tuna Quesadillas

Porții pe rețetă: 6

Ingrediente

- 4 tortilla pesto cu usturoi
- 1 lingurita ulei de masline
- 1/4 cană pesto de ardei roșu prăjit
- 2 (85 g) ton, scurs

- 2 cani de dovlecel, ras
- 6 felii de brânză Monterey Jack piper
- sare si piper

Directii

a) Ungeți fiecare parte a tuturor tortillelor cu un strat subțire de ulei.

b) Puneți pesto pe 2 tortilla uniform, urmate de ton, dovlecel și felii de brânză.

c) Se presară cu sare și piper și se acoperă cu restul de 2 tortilla, cu partea unsă în sus.

d) Într-o tigaie, puneți 1 quesadilla la foc mediu, cu uleiul în jos și gătiți aproximativ 2-3 minute pe fiecare parte.

e) Repetați cu quesadilla rămasă.

f) Tăiați fiecare quesadilla în 6 felii și bucurați-vă.

80. Alaskan Topped Focaccia

Porții pe rețetă: 4

Ingrediente

- 1 (14 3/4 oz.) conserve de somon, dezosat
- 1/2 cană sos pesto
- 1/2 cana ceapa rosie, tocata
- 1/3 cana rosii uscate la soare, tocate
- 4 linguri maioneza
- 2 lingurițe coajă de lămâie, măruntită
- 1 pâine focaccia
- frunza de salata romana

Directii

a) Luați un bol de amestecare: amestecați în el somonul și pesto-ul cu roșiile, ceapa și coaja de lămâie.

b) Tăiați chifla în jumătate. Aranjați peste jumătatea de jos salata verde, urmată de salata de somon.

c) Acoperiți-l cu jumătatea superioară de pâine. Tăiați sandvișul în 4 bucăți și înfășurați fiecare dintre ele cu o folie alimentară.

d) Pune sandvișurile la frigider și lasă-le să stea cel puțin peste noapte.

e) Desfaceți sandvișurile și serviți-le cu toppingurile preferate.

f) Bucurați-vă.

81.Cartierul francez Muffulettas

Porții pe rețetă: 4

Ingrediente

- 1 vinete, feliate
- 1 dovlecel, feliat în unghi
- 1 ardei gras rosu, taiat in patru pe lungime
- 1 capac mare de ciuperci portabella
- 1 ceapa rosie, taiata felii
- 1/2 cană ulei de măsline extravirgin sare și piper
- 6 oz. Baby spanac
- 1/3 cană nuci de pin
- 2/3 cană brânză Parmigiano-Reggiano, rasă
- 1 cană giardiniera, cumpărată din magazin
- 1/2 cană măsline verzi, fără sâmburi
- 1 (8 - 9 inchi) pâine italiană rotundă
- 1/4 lb. brânză provolone feliată

Directii

Pentru a pregăti legumele la grătar:

a) Înainte de a face ceva, preîncălziți grătarul și ungeți-l.

b) Ungeți vinetele, dovleceii, ardeiul gras, portobello și ceapa roșie cu 1/4 cană de ulei de măsline.

c) Presara peste ele putina sare si piper. Prăjiți-le timp de 3 până la 4 minute pe fiecare parte. Pentru a pregăti sosul pesto:

d) Luați un blender: amestecați în el spanacul, nucile de pin, Parmigiano-Reggiano, un praf de sare si piper. Amesteca-le netede. Adăugați restul de ulei treptat în timp ce amestecați.

e) Turnați pesto într-un bol de servire. Pune-l deoparte.

Pentru a pregăti gustul:

f) Luați un robot de bucătărie: combinați în el măslinele cu giardiniera. Pulsați-le de câteva ori până devin tocate.

g) Pune jumătate din sosul pesto în chifle.

h) Acoperiți-le cu legume la grătar, restul de sos pesto și gust. Acoperiți-le cu chiflele de sus apoi serviți-le. Bucurați-vă.

82. Sandwich cu pui pesto

Porții pe rețetă: 4

Ingrediente

- 4 uncii. ciuperci amestecate, feliate subțiri
- 1 oz. oțet balsamic
- 4 uncii. ardei gras roșii, prăjiți și tăiați felii
- 2 roșii medii, feliate
- 4 rulouri italiene, tăiate în jumătate
- 4 (4 oz.) piept de pui dezosat și fără piele, tăiat
- 4 uncii. sos pesto
- 4 uncii. brânză feta

Directii

a) Obțineți un bol de amestecare: amestecați oțetul balsamic cu ciupercile. Lăsați-le să stea la frigider 1 zi întreagă.

b) Scurgeți ciupercile și îndepărtați excesul de oțet.

c) Înainte de a face ceva, preîncălziți grătarul și ungeți-l.

d) Ungeți feliile de jos cu sos pesto apoi acoperiți-le cu brânză feta, piept de pui, ciuperci, ardei copți și felii de roșii.

e) Acoperiți sandvișurile cu feliile de pâine de deasupra. Folosiți 2 scobitori pentru a fixa fiecare sandviș.

f) Tăiați-le în jumătate și serviți-le imediat.

g) Bucurați-vă.

83. Sandwich cu pui Seattle

Porții pe rețetă: 6

Ingrediente

- 6 felii de pâine italiană
- 1/3 cană pesto de busuioc
- 3 oz. prosciutto feliat, optional
- 1 conserve (14 oz.) inimioare de anghinare, scurse și tăiate felii

- 1 (7 oz.) borcane de ardei roșii prăjiți, scurși și tăiați fâșii
- 12 oz. pui fiert, tăiat fâșii
- 4 -6 oz. brânză provolone mărunțită

Directii

a) Înainte de a face ceva, preîncălziți cuptorul la 450 F.

b) Ungeți o parte a fiecărei felii de pâine cu pesto.

c) Aranjați feliile de prosciutto, urmate de felii de anghinare, fâșii de ardei roșu și fâșii de pui peste feliile de pâine.

d) Așezați 6 bucăți de folie peste o placă de tăiat. Puneți ușor fiecare sandviș într-o bucată de folie apoi înfășurați-l în jurul lui.

e) Puneți-le într-o tavă de copt apoi gătiți-le la cuptor pentru 9 minute.

f) Aruncați bucățile de folie și puneți sandvișurile deschise înapoi pe tavă.

g) Presărați peste ele brânza mărunțită. Se prăjesc sandvișurile la cuptor pentru încă 4 minute.

h) Servește-ți sandvișurile fierbinți cu toppingurile tale preferate.

i) Bucurați-vă.

84. Panini mediteranean

Porții pe rețetă: 4

Ingrediente

- 4 piept de pui dezosati si fara piele
- 2 lămâi mari
- 2 catei de usturoi, tocati

- 1 lingurita ulei de masline
- sare piper
- 2 lingurite busuioc
- 1 pâine de ciabatta
- 1/4 cană pesto de busuioc
- 1 roșie mare, friptură de vită, feliată
- 6 oz. Continuă italiană, feliată
- 2 oz. Baby spanac pus în pungă

Directii

a) Aranjați pieptul de pui între 2 foi de hârtie ceară și cu un ciocan de carne, bateți până la o grosime uniformă.

b) Intr-un castron adaugam usturoiul, coaja de lamaie, zeama de lamaie si uleiul si m bine.

c) Adăugați puiul și acoperiți generos cu amestecul de lămâie.

d) Se da la frigider pentru aproximativ 4-20 de ore.

e) Pune o tigaie la foc până se încălzește.

f) Adăugați pieptul de pui și gătiți aproximativ 6-8 minute.

g) Setează-ți paninii.

h) Tăiați ciabatta în 4 bucăți de dimensiunea dorită.

i) Pune aproximativ 1 lingură de pesto pe ambele părți ale pâinii.

j) Pune puiul pe fiecare bucată, urmat de brânza Fontina, roșii și spanac.

85. Portland Asiago Panini

Porții pe rețetă: 4

Ingrediente

- 1 pâine focaccia pesto
- 1 lingura otet balsamic
- 8 oz. curcan feliat
- 1-2 rosii, feliate
- 4 uncii. tartina de anghinare cu spanac
- 1 praf sare si piper
- 2 oz. Brânză Asiago
- 1 ceapa rosie mica, taiata cubulete
- 1 lingurita ulei de masline

Directii

a) Setați presa panini așa cum este sugerat de manual.

b) Într-o tigaie, adăugați uleiul și gătiți până se încălzește.

c) Adăugați ceapa și amestecați uscat timp de aproximativ 4-5 minute.

d) Se amestecă oțetul, sarea și piperul și se ia de pe foc.

e) Tăiați focaccia în 2 cercuri și apoi tăiați fiecare în semicerc.

f) Așezați curcanul pe jumătatea inferioară a pâinii, urmat de spanac tartinat de anghinare, ceapă fiartă, brânză Asiago și felii de roșii.

g) Acoperiți cu jumătățile superioare de pâine focaccia.

h) Pune sandvișul în presa de panini și gătește aproximativ 5 minute.

i) Bucurați-vă de fierbinte.

86. Presă de brânză la grătar pesto

Porții pe rețetă: 4

Ingrediente

- 4 paine panini, feliate in jumatate
- 6 1/2 oz. brânză mozzarella, feliată
- 1/4 cană parmezan, ras
- 1/4 cană sos pesto
- 2 ardei gras la gratar, feliati

Directii

a) Puneți pesto pe toate jumătățile de pâine uniform.

b) Puneți brânza mozzarella pe 4 jumătăți inferioare de pâine, urmate de parmezan și ardei.

c) Acoperiți cu jumătățile superioare de pâine.

d) Pune o tigaie la foc mediu-mic până se încălzește.

e) Așezați sandvișurile și operați cu o altă tigaie grea pentru greutate.

f) Gătiți aproximativ 10 minute, răsturnând o dată la jumătate.

87. Grădina Panini

Porții pe rețetă: 1

Ingrediente

- 1 lingurita ulei de masline
- 3/4 cana rosii, taiate cubulete
- 1 linguri capere, scurse
- 1 praf fulgi de ardei rosu
- 1/2 lingurita otet balsamic
- 4 felii de pâine albă
- ulei de masline
- 1/4 cană sos pesto
- 6 oz. brânză mozzarella, feliată
- sare de mare
- piper negru

Directii

a) Într-un wok antiaderent, adăugați uleiul la foc mediu-mare și gătiți până se încălzește.

b) Se adauga caperele, rosiile si fulgii de ardei rosu si se prajesc timp de aproximativ 2-3 minute.

c) Se ia de pe foc si se amesteca otetul.

d) Ungeți uniform o parte a feliilor de pâine cu ulei.

e) Puneți pesto pe cealaltă parte a tuturor feliilor de pâine uniform.

f) Amestecul de roșii se pune pe 2 felii de pâine, apoi se adaugă mozzarella, sare și piper.

g) Acoperiți cu feliile de pâine rămase, cu partea unsă în sus.

h) Pune sandvișurile într-o presă pentru panini și gătește până se prăjește.

SALATE ȘI DRESSING PESTO

88.Salata Mozzarella Pesto

Porții pe rețetă: 6

Ingrediente

- 1 1/2 cană paste rotini
- 3 linguri pesto, sau dupa gust
- 1 lingurita ulei de masline extravirgin
- 1/4 lingurita sare, sau dupa gust
- 1/4 lingurita usturoi granulat
- 1/8 lingurita piper negru macinat
- 1/2 cană roșii struguri tăiate în jumătate
- 1/2 cană bile mici de mozzarella proaspătă
- 2 frunze frunze proaspete de busuioc, maruntite marunt

Directii

a) Într-o tigaie mare cu apă clocotită ușor sărată, adăugați pastele și gătiți timp de aproximativ 8 minute sau până la fierbere dorită, scurgeți bine și lăsați deoparte.

b) Într-un castron mare, amestecați pesto-ul, usturoiul granulat, uleiul, sarea și piperul negru și adăugați pastele și amestecați pentru a se acoperi.

c) Adăugați ușor mozzarella, roșiile și busuioc și serviți imediat.

89.Salata de flori pesto

Porții pe rețetă: 4

Ingrediente

- 10 oz. pesto de busuioc
- 3 oz. parmezan mărunțit
- 1 lb. paste penne
- 1 lb. broccoli, tăiat în buchețe mici
- 2 (6 oz) fâșii de piept de pui la grătar

Directii

a) Tăiați broccoli în buchețe. Pune-l deoparte.

b) Gatiti pastele conform instructiunilor de pe ambalaj doar 3 minute. Adăugați buchețelele de broccoli și gătiți-le timp de 4 minute.

c) Scurgeți broccoli și pastele din apă. Puneți bucățile de pui în oală și gătiți-le timp de 2 până la 3 minute pentru a le încălzi.

d) Scurgeți puiul din apă.

e) Obțineți un castron mare: combinați broccoli cu pui, paste, brânză, sos pesto, un praf de sare și piper. Aruncă-le pentru a acoperi. Serviți-l imediat.

90.Sos pesto Aioli

Porții per rețetă: 20

Ingrediente

- 3/4 cană ulei
- 1 cană maioneză
- 3/4 cană zară
- 2 linguri de brânză Romano rasă
- 2 linguri busuioc uscat
- 1/2 lingurita sare
- 1 catel de usturoi, tocat
- sos de ardei iute
- 1/4 lingurita boia

Directii

a) Luați un castron mic: amestecați în el maiaua cu ulei.

b) Se toarnă zara, brânza, busuioc, sare, usturoi și sosul de ardei iute. Bateți-le până devin cremoase.

c) Acoperiți vasul cu o folie de plastic și lăsați-l să stea cel puțin 8 ore.

d) După expirarea timpului, amestecați spaghetele cu sosul pesto. Ornează-l cu niște busuioc proaspăt.

e) Bucurați-vă.

91.Salata de paste

Porții pe rețetă: 4

Ingrediente

- 250 g spaghete
- 1/3 cană mazăre, congelată
- 10 roșii cherry, tăiate în patru
- 100 g branza feta
- 2 lingurite sos pesto
- 1 lingura rozmarin proaspat, tocat
- 1/8 lingurita usturoi granulat
- 1/2 linguri de arpagic proaspat, tocat
- 1 lingurita ulei
- piper negru proaspăt măcinat

Directii

a) Pregătiți pastele urmând instrucțiunile de pe ambalaj timp de 9 min.

b) Se amestecă mazărea și se fierbe încă 2 până la 3 minute.

c) Se toarnă spaghetele și mazărea într-o strecurătoare. Lăsați-le să se scurgă câteva minute.

d) Luați un bol de amestecare: aruncați în el spaghetele cu ulei și sos pesto.

e) Adăugați ierburile, usturoiul, piperul și sarea. Combinați-le bine. Se amestecă brânza feta cu roșii cherry.

f) Pune salata la frigider și lasă-o să stea cel puțin 1 oră apoi servește-o.

g) Bucurați-vă.

92. Tortellini Borcane Salata

Porții pe rețetă: 2

Ingrediente

- 1 pachet (9 oz.) tortellini cu spanac și brânză
- 1 (4 oz) borcan pesto
- 1/4 cană castraveți englezi tăiați în jumătate, sămânțați și feliați
- 1/4 cană roșii cherry tăiate în jumătate
- 1/4 cană bucăți de ceapă roșie de mărimea unui chibrit
- 1/2 cană machetă tocată
- sare si piper negru macinat dupa gust

Directii

a) Gatiti pastele conform instructiunilor de pe ambalaj.

b) Răspândiți pesto în borcan, apoi acoperiți-l cu castraveți, roșii, ceapă, tortellini și mache. Asezonați-le cu puțină sare și piper.

c) Serviți salata imediat sau puneți-o la frigider până când sunteți gata să o serviți.

93. Salata Caprese Pesto

Porții pe rețetă: 8

Ingrediente

Pesto

- 2 cani frunze de busuioc
- 1 cană nuci, prăjite și tocate
- 2/3 cană parmezan, ras

- 6 linguri ulei de măsline
- 2 linguri suc de lamaie
- 3 catei de usturoi, tocati

Salată

- 2 linguri sos pesto
- 2 linguri ulei de masline
- 2 linguri otet de vin rosu
- 4 roșii coapte roșii medii, feliate
- 8 oz. brânză mozzarella, frunze de busuioc proaspăt feliate
- sare si piper macinat

Directii

a) Pentru pesto: într-un blender, adăugați usturoiul, busuiocul, brânza, nucile, zeama de lămâie și uleiul și amestecați până se omogenizează bine.

b) Transferați pesto-ul într-un castron.

c) Acoperiți vasul și puneți la frigider până la utilizare.

d) Pentru vinegreta: intr-un castron adaugati otetul, uleiul si 2 linguri de pesto si bateti pana se omogenizeaza bine.

e) Pentru salata: asezati feliile de rosii pe un platou, urmate de vinaigreta cu branza si pesto.

f) Savurați cu o stropire de sare și piper.

94. Salata caprese de rucola

Porții pe rețetă: 8

Ingrediente

- 1/4 cană pesto de busuioc
- 1/4 cană ulei de măsline extravirgin
- 1 lb. roșii moștenire amestecate, fără miez și feliate subțiri
- 2 1/2 oz. pui de rucola
- 8 oz. Brânză mozzarella proaspătă clasică italiană, feliată
- 1/4-inch grosime și sferturi
- 1/4 cană măsline Niçoise fără sâmburi, bine scurse
- 4 -5 frunze de busuioc proaspăt, feliate subțiri
- sare de mare și piper negru crăpat proaspăt

Directii

a) Într-un castron, adăugați uleiul și pesto-ul și bateți până se omogenizează frumos.

b) Aranjați rucola cu roșii pe un platou și acoperiți cu mozzarella, urmată de măsline și busuioc.

c) Se presară cu sare și piper.

d) Savurați cu un topping de dressing pesto.

95. Buuioc Salata de Paste

Porții pe rețetă: 4

Ingrediente

- 8 oz. paste rigatoni uscate
- 1 1/2 cană roșii struguri, tăiate la jumătate
- 1 cană de brânză mozzarella tăiată cubulețe
- 1/3 cana sos pesto,
- 1/2 cană parmezan ras
- sare si piper

Directii

a) Intr-o tigaie se adauga apa si putina sare si se fierbe pana da in clocot.

b) Adăugați rigatoni și gătiți până la fierbere dorită.

c) Scurgeți rigatonii și clătiți sub jet de apă rece.

d) Acum, cu prosoape de hârtie, uscați rigatonii și puneți-le într-un castron.

e) Adăugați pesto, roșiile, parmezan, mozzarella, sare și piper și amestecați ușor pentru a se îmbrăca bine.

96. Nuci pecan, parmezan și cușcuș pesto

Porții pe rețetă: 4

Ingrediente

- 2/3 cană bucăți de nuci pecan

- 1 lingura de unt
- 1 1/2 cană ciuperci buton proaspete tăiate în sferturi
- 1 ceapa, tocata
- 1 lingurita usturoi proaspat tocat
- 2 lingurite de unt
- 1 1/4 cană apă
- 1 cutie de cușcuș (5,8 oz).
- 1 sticlă (8,5 oz) pesto de roșii uscate la soare
- 1/3 cana parmezan ras fin sau mai mult dupa gust
- sare si piper negru macinat dupa gust

Directii

a) Prăjiți nucile pecan la cuptor într-o tavă timp de 25 de minute.

b) Între timp, prăjiți usturoiul, ceapa și ciupercile în 1 lingură de unt timp de 9 minute. Apoi pune totul într-un castron.

c) Topiți încă 2 linguri de unt și apoi adăugați-l în apă, lăsați-l să fiarbă.

d) După ce totul fierbe, adăugați cușcușul într-un castron mare și apoi combinați-l cu apa clocotită.

e) Pune o acoperire pe vasul cu folie de plastic și lasă-l să stea timp de 12 minute.

f) După ce tot lichidul a fost absorbit, amestecați-l cu o furculiță.

g) Adăugați pesto, nucile pecan, parmezanul și ciupercile în cușcuș, apoi adăugați puțin piper și sare.

h) Amesteca totul uniform.

DESERTURI PESTO

97. Plăcintă deschisă cu spanac și pesto

Porții pe rețetă: 1

Ingrediente

- 2 (12 oz.) file de somon fără piele și dezosat
- sare asezonata dupa gust
- 1/2 lingurita praf de usturoi
- 1 lingurita praf de ceapa
- 1 pachet (17,25 oz.) aluat foietaj congelat, dezghețat

- 1/3 cană pesto
- 1 pachet (6 oz.) frunze de spanac

Directii

a) Setați cuptorul la 375 de grade F înainte de a face orice altceva.

b) Ungeți somonul cu un amestec de sare, praf de ceapă și praf de usturoi înainte de a-l pune deoparte.

c) Acum puneți jumătate din spanac între două foi separate de aluat foietaj, în timp ce puneți mai multe în centru și puneți fileul de somon peste fiecare în centru înainte de a pune pesto și spanacul rămas.

d) Umeziți marginile cu apă și pliați-o.

e) Coaceți acest lucru în cuptorul preîncălzit pentru aproximativ 25 de minute.

f) Răciți-l.

g) Servi.

98.Plăcintă în oală în stil libanez

Porții pe rețetă: 8

Ingrediente

- 3 linguri de usturoi pasat
- 1/4 cană brânză feta cu ierburi măruntită
- 1 galbenus de ou
- 1 foaie de foietaj congelată, dezghețată, tăiată în jumătate
- 2 cani de spanac proaspat tocat
- 2 jumătăți de piept de pui dezosate și fără piele
- 2 linguri pesto de busuioc
- 1/3 cana rosii uscate la soare tocate

Directii

a) Setați cuptorul la 375 de grade F înainte de a face orice altceva.

b) Ungeți pieptul de pui cu un amestec de piure de usturoi și gălbenuș de ou într-un vas de sticlă înainte de a-l acoperi cu o folie de plastic și de a-i pune la frigider pentru cel puțin patru ore.

c) Pune jumătate din spanac în centrul unei jumătăți de produs de patiserie și apoi pune o bucată de piept de pui peste el înainte de a adăuga 1 lingură de pesto, roșii uscate la soare, brânză feta și apoi spanacul rămas.

d) Înfășurați-l cu cealaltă jumătate de aluat.

e) Repetați aceiași pași pentru pieptul rămas.

f) Pune toate acestea pe o tavă de copt.

g) Coaceți în cuptorul preîncălzit pentru aproximativ 40 de minute sau până când puiul este fraged.

h) Servi.

99. West coast torte

Porții pe rețetă: 10

Ingrediente

- 2 pachete (8 oz.) cremă de brânză
- 2 catei de usturoi, tocati
- 8 oz. brânză feta
- 2 lingurite de cimbru
- 2 linguri ulei de masline
- 3 linguri sos pesto
- 1/3 cană ardei roșu prăjit, scurs și tocat
- ardei roșu suplimentar, fâșii

Directii

a) Aranjați o foaie de plastic într-un vas.

b) Într-un blender, adăugați crema de brânză, feta și usturoiul și pulsați până se omogenizează bine.

c) Adăugați cimbrul și uleiul și pulsați până se omogenizează bine.

d) În fundul vasului pregătit, puneți aproximativ 1/3 din amestecul de brânză uniform și deasupra cu pesto, urmat de încă 1/3 din amestecul de brânză peste, ardei roșu și amestecul de brânză rămas.

e) Acoperiți vasul și puneți la frigider pentru aproximativ 3 ore.

f) Savurați cu o garnitură din fâșii suplimentare de ardei roșu.

100. Lemon Pesto Paletas

Porții pe rețetă: 6

Ingrediente

- 4 cani cuburi de pepene galben
- 1 lingura de sare
- 1/4 cană busuioc proaspăt tocat
- 1/2 cană concentrat de limonada congelată organic

Directii

a) Intr-un robot de bucatarie, adauga toate ingredientele si pulsa pana se omogenizeaza.

b) Transferați uniform amestecul în forme pentru Popsicle.

c) Acum, introduceți 1 baton de Popsicle în fiecare formă și puneți la congelator pentru aproximativ 6 ore.

d) Scoateți cu grijă popsicles-urile din forme și bucurați-vă.

CONCLUZIE

Pesto tradițional se face cu frunze de busuioc, usturoi, nuci de pin, ulei de măsline, sare și parmezan (sau alt tip de brânză italiană tare, cum ar fi Pecorino). Il poti prepara cu mojar si pistil (aceasta este metoda traditionala) sau folosind un blender/ robot de bucatarie.

Există ceva frumos și simplu în pesto-ul proaspăt făcut. Nu mai este nevoie de pesto cumpărat din magazin. Rețetele din această carte sunt atât de ușoare, cu mai puțin de 5 ingrediente principale. Și durează doar 5 minute pentru a face, de asemenea!